韩国人在想什么 Ⅲ

〔韩〕李圭泰 著
宋晔辉 译

南京大学出版社

图书在版编目(CIP)数据

韩国人在想什么 / (韩)李圭泰著；赵莉等译. —
南京：南京大学出版社，2015.1
ISBN 978-7-305-10304-9

Ⅰ. ①韩… Ⅱ. ①李… ②赵… Ⅲ. ①民族心理—研究—韩国 Ⅳ. ①C955.312

中国版本图书馆 CIP 数据核字(2014)第 035792 号

出版发行	南京大学出版社
社　　址	南京市汉口路 22 号　　邮　编　210093
出 版 人	金鑫荣
书　　名	韩国人在想什么
作　　者	李圭泰
译　　者	宋晔辉
责任编辑	戚宛珺　沈卫娟　　编辑热线　025-83753947
照　　排	南京南琳图文制作有限公司
印　　刷	南京爱德印刷有限公司
开　　本	850×1168　1/32　印张 7.25　字数 144 千
版　　次	2015 年 1 月第 1 版　2015 年 1 月第 1 次印刷
ISBN	978-7-305-10304-9
定　　价	88.00 元

网址：http://www.njupco.com
官方微博：http://weibo.com/njupco
官方微信号：njupress
销售咨询热线：(025) 83594756

* 版权所有，侵权必究
* 凡购买南大版图书，如有印装质量问题，请与所购
　图书销售部门联系调换

目录

殊途同归　1

002　韩国人的幸福论
005　严格的契约社会
008　分持镜子的爱情故事
012　故乡是永远的港湾
014　坐在后排的心理
016　不是"艺术"是"风流"
018　胡椒文化圈和发酵文化圈
021　月亮的精气是多产能力的象征
023　什么是最理想的教育方式？
027　殊途同归
033　等级制称谓猖獗的社会
036　西方人严格的下班时间
039　慢慢的印度列车旅行
044　韩国人的灰色地带
049　柏林的秋夜
053　韩国人的"云雾"前置词
056　东西方的时间感觉

幸福与不幸只隔一张纸　2

062　反抗的赞美

065 贫穷是结果主义的必然

069 山茶花变红的理由

071 东方人含糊的契约观

074 怎能仅仅向前看10年

077 洪氏的接吻冲击

082 人需要多大的空间？

087 韩国在学问上没有重大业绩的原因

089 韩国人和自然的密切关系

092 夫妻之间

094 一刻钟主义

097 幸福与不幸只隔一张纸

100 是人情关系还是契约关系？

108 韩国人的缓冲时间

111 定居民族的同质空间

115 在火车里得连袜子都脱了……

118 普洛克路斯忒斯的床

3

比起不安分的冒险，选择安全第一主义

122 比起不安分的冒险，选择安全第一主义

125 织女给人洗脚的境界

128 重视家庭聚餐的国家

131　说"像我这样的人……"的心理

133　凡是聚会都是有名分的

135　时间的经济价值

137　东西方的海是不同的

143　应该怎样生活？

145　严厉的德国父亲

147　没有信用的社会

151　从一开始就放弃，心里才舒服吗？

154　电力机车的火夫

156　韩国人的对酌文化

161　时间的圆环形象

163　自然的变化与人事的感应

166　缺乏等待的美德的国家

4 一举两得

172　拒绝摩擦的风潮

175　被宠坏的韩国人

181　通过文学的情感宣泄

183　孩子们的誓约行为

186　形形色色的时间文化

189　人工也是自然的一部分

191　韩国人和美国人的感冒处方

193　一举两得

196　移动性民族的异质空间
199　每个民族的自然都不同
201　子女教育是人生的唯一目标
203　不论做什么，只有快点做才安心
207　韩国人是自然的人
212　西方文化的本质是人与自然的对决
216　不同文化引起的差异悬殊的空间印象

1

殊途同歸

韩国人的幸福论

西方人喜欢使用"幸福"这个词,而韩国人却不经常用,原因何在?难道是因为幸福离西方人很近,而离韩国人却很远吗?

主要原因在于西方人认为幸福是"创造的产物",而对于韩国人来说——"幸福不是靠自身的努力获得的,而是某种绝对的力量所给予的"这种想法占主导地位,这就是二者的差别。因此,在韩国人的意识结构中"顺应天命"的概念非常重要。

《旧约》上说,上帝创造了亚当之后摘取了亚当的一根肋骨创造了夏娃,然后又用六天时间创造了世界万物。正是如此,欧洲的神是进行创造的创造神,而韩国的神是既成的成神。

熊吃了一捆艾草和二十颗大蒜,躲避日光而变成了檀君的母亲——熊女,这就是韩国的建国神话。自古以来,比起创造的产物,韩国人更重视"自然而成"的东西;比起对某种对象进行创造,韩国人更倾向于依靠自然的力量。

正如开花结果,世界是自然而成的,人生也是如此。韩国式的世界观和人生观就由此刻画出来:怎么过都是一辈子。人在道德上成熟时被称为"成人"，像考试合格这样的人为之事也被韩国人附加上命运的因素，称之为"考成了"。成达官、成富人、成佛……比起认为成功是靠努力或靠意志的结果，韩国人不排斥把这一切归之于宿命或者命运使然的思考方式。

当然，我们也可以把像这样一切都顺其自然的理念看作是缺乏个人主体责任感的消极姿态。换言之，比起某个像神一样伟大的人创造的世界，或科学技术创造的世界，韩国人认为山川草木以及每一个个体都顺其自然的世界更美好。对于韩国人来说，幸福的概念也是顺其自然的，既不是费力求得的，也不是自己创造的。

在南道山区说某个人过得好或者发了财、有什么好事的时候，换句话说就是变得幸福了的时候，就用"成了的样子"这个词。如果说"看那个人成了的样子!"就等于说那个人看起来很幸福。可是，遭遇什么不幸的时候也用"成了的样子"这个词。如果听说谁家丧子，也咂舌感叹说"成了的样子，有什么办法呢"。这和"八字所管"这个词也是一脉相承的。

韩国人用同一个词表达"幸福"与"不幸"这两个相反的概念。这在合理化、具体化的西方社会是无法想象的。但是这种看似不合理的单词之所以存在，是因为人生的幸与不幸都是从"顺其自然"这个源泉思考出发的。

"成了的样子"就是顺其自然、逐渐变成的样子。幸福与不幸不过是这流动着的"逐渐变成的样子"中某一点的表现。正如命是天注定、幸与不幸是天之所管,这一点就是韩国人的幸福观的特性。

由于幸与不幸的流动的连接性,韩国人感觉幸福的时候也会不知不觉地担心不幸。因为那"成了的样子"既是"幸福的成了的样子",同时也可能是"不幸的成了的样子"。所以我们或许也可以说韩国人是丧失了幸福这个概念或单词的不幸的民族。

严格的契约社会

我有个亲戚在美国纽约经营某韩国公司的分公司。他为了搬家,请求熟悉当地情况的美国员工帮他打听房子。这个50多岁的美国女职员长期和韩国人一起共事,已经有些韩国化了,她也经常帮助新上任的韩国员工做些私事。

可是到了发工资那天,这个女职员脸色苍白地走进经理办公室,因为她发现发到手的工资比平时少了35美元。她去问了负责会计工作的美国职员减薪的理由,答复是因为她连续两天离开工作岗位4、5个小时,所以就把她缺席时的工资扣除了。

但是她并非无端缺席,而是奉经理之命去给经理找房子。这位中年女职员认为这是经理的命令,故此也应该算是工作范围的延伸。而会计认为这是合同以外的私事,不能算作工作,所以才发生了这种情况。

经理找来会计科的人,说找房子这件事也算是工作，让会计科的人给她补发35美元。话音刚落，会计就说这是违反合同规定的，这件事的性质不是经理可以决定的，如果经理非要这么做的话，他就辞职，说完扭头就走了。

这样的事在韩国是绝对不会发生的，但是在美国就有可能发生。在西方绝对不可以干涉别人的事，哪怕是给予忠告或者帮忙也不行。在仓库负责挑选商品的员工和负责把选好的商品包装起来的员工一起工作的时候，即使一个人忙、另一个人闲着，闲着的人也绝对不会去帮忙的人工作。

在韩国如果包装进展不顺利，就得帮着包装，这是常识。如果自己的事情都做完了，也要看看周围其他人的进展情况，竭尽所能帮助别人工作。除了自己分内的工作以外，还要主动寻找自己应该做的事、值得做的事去做。

在西方当某个部门的职员全都离开座位去开会时，如果连续有电话打来，即使其他部门的职员恰巧到这里办事，他们也绝对不会去接电话，如果觉得烦就干脆把听筒摘下来。这种在韩国公司绝对不会发生的事，在西方公司里却十分常见，他们的员工只做分配给自己的事就行了。

这种和韩国完全不同的劳动惯例究竟是从哪儿、因为什么原因而开始的呢？

最主要的原因是西方的劳动惯例是契约关系的。西方的经营方式与韩国不同，是以严密的契约关系为基础形成的。西方的各行各业都有着严格的区分和规定，以固定的合同为基准的西方的劳动惯例不可能和韩国的一样。

在西方雇佣的时候，雇主和被雇佣者签合同。内容对被雇佣者从事的行业、职务、佣金、待遇、劳动时间、休息时间、休假、退休金、投诉、晋升年限等都做了细致的分类,在这样的合同上签字,合同才生效。

可是在韩国,成为公司的一员,也就是作为"one of them",就要在不给别人添麻烦的同时,还要在工作上互相帮助。虽然职责和从事的行业是固定的,责任的界限却是一个范围广阔的缓冲地带。

因此,西方人的界线是锋利的警戒线,而与之相反,韩国人的界线是柔和的区域(zone),所以可以自然而然地渗透到别人的领域中去。韩国人做工作不像西方一样一定要和薪水、待遇直接挂钩。即使签合同也只是程式化的,实际上不会受到合同里条条框框的约束,而是以这些条条框框为中心扩展延伸出广阔的缓冲地带。

不仅仅是涉及雇佣关系或者法律意识上的契约关系,定义所有韩国人的意识结构或者行为方式特点的时候,契约观也是需要考虑的重要因素。

也就是说线性的契约观和区域性的契约观是导致西方人和韩国人信仰、宗教、买卖、约定等一切意识和行动差异的主要原因。了解这种契约观的差别也是识别韩国人意识结构特性的方法。

分持镜子的爱情故事

《三国史记·列传》记录了新罗真平王在位时,庆州栗里的薛氏女子与名叫嘉实的青年的爱情故事。

薛氏女子年迈的父亲被征发到边疆服兵役。他年老患病无法领命,可是又没有儿子可以代替他。这时,一个一直思慕着薛氏女子的青年自告奋勇地说他愿意替薛氏的父亲去服兵役。这个青年名叫嘉实,他虽然贫穷但是品行出众。薛氏女子的老父亲非常感激嘉实,提出把女儿嫁给嘉实为妻,婚期定在服完兵役之后。在嘉实临行前,为了表示不变的决心,薛氏女子和嘉实将镜子一分为二,两人各执一半作为信物。

服役期为三年,而过了六年嘉实也没有回来。薛氏女子的父亲等不及了,定下日子要把她嫁给别人。为此,薛氏女子决定逃走,坚守和嘉实的约定。她抱住嘉实留下的爱骑失声痛哭。这时,嘉实奇迹般地出现了,但是他的外貌已经变得认不出来了。嘉实拿出半面镜子和薛氏女子的镜子拼在一起,这个新罗时代的爱情故事终以幸福的结局收场。

除了镜子,刀也可以被分开作为信物。在此,我们引用已故李弘植博士的论文中关于短剑之约遗风的一段话。

"我国在许多地方都发现了像蝴蝶结模样的十字形石器遗迹,长期以来我们都不知道它的用途和用法。可是后来在乐浪遗址出土了和它一模一样的青铜制品。我们由此可以认定它是装饰在青铜剑剑柄末端的附属品。对于这种十字形的剑柄断片多的原因,专家认为这种缺损不是偶然的,很多剑柄断片上可以明显地看出有故意折断的痕迹,并且也确实发现过折断的剑柄的另一端。"

所以似乎可以推测它是摘下来做信物的。如果是这样的话,我们可以认为韩国从石器时期起就有了切分整体的一部分作信物的习俗。

约定或者契约的神圣保证习俗也可以以"誓石"的形态呈现。

那是一千三百多年前的事。两个英俊的新罗少年畅谈未来,他们发誓一定要遵守自己的诺言,他们希望能够从更高的权威那里得到对约定的保障。

所以两个少年就像其他新罗人做的那样,来到庆州南泉、北泉、西泉相交汇的金丈台前的浅滩边。在那里,他们选取一块扁平的石头记下了约定的内容。

"壬申年6月14日,我二人一同祈祷,并把它记录下来向天发誓。从现在起三年之内,我们会坚守忠道、祈求没有过失。我们若不遵守承诺的话,愿受上天严厉的惩罚。即使是国家政局动荡的乱世,我们也一定会履行承诺。

并且此前在辛未年7月22日我们曾发誓按顺序学习《诗》《尚书》《礼记》和《传》,我们保证在三年之内完成全部学习目标。"

两个少年把以上内容的吏读汉文阴刻在那块石头上,拿着它登上了金丈台。金丈台是庆州大河川合流之地,是能将广阔的田野和灵山尽收眼底的顶点。人们将金丈台视为神圣的灵地,认为登上这座台盟誓的话,誓约就会得到保障。两个少年在金丈台顶端屈膝跪下,向上天盟誓,他们把誓石埋在顶峰,将誓约的约束力形而上学地升华。

这种神圣保证的约定从根本上比道义上的契约或者法律上的契约、公证、合同等文明形态的约定更有效力,这是无须赘言的。

两个新罗少年埋藏的"誓约之石",于1935年被当时庆州普通学校校长、日本人大阪金次郎在金丈台郊游时偶然发现而得以重见天日,现保存于庆州博物馆。直至今日,我们也可以在金丈台发现一些凌乱的、不知是哪个时代的瓦片和茶杯的碎片,这被认为是在那里建立神社、向神敬茶、与天相约的虔诚的新罗风俗的痕迹。

韩国在1971年4月也发现了誓约的圣地,那就是在蔚州郡斗东面川前里的太和江上游发现的誓石。高3米、宽10米、长满青苔的巨岩上刻着的文字被认为是新罗法兴王12年(公元525年)时的誓约。当地的居民把发现誓石的峡谷称为"仙石谷",而巨岩上刻着的文字中把这个地方称为"誓石谷",由此可以推测"仙石"是"誓石"的讹传。

新罗人认为登上这块岩石誓约的话,誓约或契约就会得到上天的保障，所以就像现代人去找人代笔写东西、去登记处、去找公证人一样，那时的新罗人也常去誓石谷。这种在指定圣地或灵地的契约是和在大上掌管着整个宇宙的神进行的良心的契约，这好像比靠规范制定的现代的法律合同更有效力。

新罗的花郎之所以那么勇敢，新罗的百姓之所以那么爱国，都可以归结为他们和上天的约定提升了精神力量这个潜在因素。这种古代韩国人的神圣保证契约观与基督教和犹太教之源的希伯来人的契约观一脉相承。

直至今日，基督教国家的国会或者法庭还有把手放在《圣经》上宣誓的习惯。在受希伯来影响的文化圈里是神和我二者做约定。即，基督教和犹太教是和神相约的宗教。韩国与西方唯一的不同是：西方人和唯一的神相约，而韩国人生活在多神教文化圈韩国的契约是多神教契约。只要是去，除了某些否定的因素，不论是什么物体都可以拿来为约定作保证。

不论是短剑还是镜子，经常用作爱情信物的扇子、戒指、牙齿，哪怕是常青树的树枝，甚至路边散落的陶瓷碎片，只要除去否定的因素，这些物品都有着保障约定的神格。古代韩国人的契约观是精神性的，因为这种以精神力量作为基础的意识结构的存在，使得韩国人的法律契约意识无法发达起来。

故乡是永远的港湾

这世界上没有比韩国人的故乡感觉更发达的民族了。究其原因是因为,韩国人对他乡这个空间有疏离感、适应能力不足。虽然说包括人在内的所有动物都有归巢本能,对于属于移动性文化圈的人来说,他们的亲和空间不像韩国人一样固定在一个地点。即使是有疏离感的地方,只要去亲和就可以变成亲和空间,所以他们不把故乡的意义看得很重。离开家生活的地方就是故乡,因此他们的归巢意识很薄弱或者根本没有归巢意识。

可是韩国人对自己最早出生的亲和空间赋予了决定性的意义。之后形成的第二、第三亲和空间远不如第一个安定、安心,所以韩国人会为无法回到思念着的故乡感到惋惜、感觉归乡的路漫长遥远,也是因为感情方面占了很大的比重。逢年过节时归乡的路总是拥挤得要命,韩国人死后理所当然要埋在第一亲和空间,这种固执的归巢性也是由于对其他地方有疏离感、适应能力不足而造成的韩国人共有的空间观。

西方人或者中亚人死后会埋在当地,说不定是因为他们死了也能够和其他空间亲和。可是韩国人即使在国外或者他乡客死，尸体也一定要运回亲和空间，因为有疏离感的地方不适合作为永远的精神家园。从韩国骂人的话——"客死的家伙"这句话中就可以看出对有疏离感的地方不能安心的韩国人是多么不幸。

韩国传统的病症中有一种叫做"客地病"的，指一到外地就因为不适应环境，吃不下饭而消瘦下去，或者一吃就吐，或者出现哮喘、便秘等症状而无法在客地停留的体质。它是一种一回到故乡所有病症就会消失得一干二净的神经性疾病。人们会因为气候、饮水、食物、空气等环境差异水土不服，但是这与客地病发生的原因不同。水土不服是物理原因，客地病是无法适应客地的环境而衍生的精神方面的原因。

韩国古代朝廷选派去中国或者日本的使臣时，是否有客地病的病史是重要的选派标准。所以因为政治原因不想去做使臣的人经常借口说自己的客地病比较重。这也证明了韩国人对于亲和空间的执着和对异地空间的抗拒。

坐在后排的心理

　　在结婚典礼会场或教会、讲堂等公共场所里,韩国人总是无一例外地从后排座位坐起,这正好和美国人从前排坐起的习惯形成鲜明的对比。韩国人认为离讲台或者舞台越近,座位的级别越高。

　　韩国人在众人之中一般会显得很谦虚,所以避免坐在座次高的位置上。韩国人认为坐在前排就等于炫耀自己是地位显赫的人,因为害怕因此被他人指责为傲慢无礼,就尽量找座次低的位置坐,所以只能从后排开始就座了。

　　不仅在空间上是这样,在时间上也是如此。韩国有句俗话叫"冷水也有上下之分",时间的先后也和空间的前后具有同样的效果。和年长的人共餐时,不能在年长者拿起勺子前先拿起勺子,越是好吃的东西越要等年长的人先伸筷子才可以夹菜。

　　对方放下勺子前不先放下勺子是对对方表示敬意的礼节,所以要估量着尊敬的对方吃饭的速度来调节好自己吃饭的节奏。

　　新鲜的果实或者可口的食物一定要呼唤祖先的神灵先尝过之后,或者家里的长辈先品尝了之后,其他家庭成员才可以按长幼顺序吃。这种对时间和空间序列的认识，是韩国人所具有的特别明显的特殊共性之一。它所支配的意识结构和行动方式和西方人的观念相碰撞，成为所谓的文化冲击的最主要诱因。

不是"艺术"是"风流"

"艺术"这个词是开化期时日本人引进西方"arts"这个概念时创造的词,此前韩国人的祖先不使用艺术这个花哨且充满人造气味的词。

朱子将《论语》中的"求多艺",对此朱子解释为"艺多才能",艺就是人的才能。中国中华书局出版的《辞海》中对艺术的解释如下:

"艺术是指机械或工匠、房屋类等需要技巧的活动,意同技术。"

如果你查找《古今图书集成》之类的中国书籍,你会发现结果出人意料,这类书中归类为艺术的内容和我们今天所理解的艺术毫不相干。除了前面所提到的《辞海》中对艺术的解释为需要技巧的活动之外,神术、妖术、幻术等也被归类为艺术。

作为韩国人的自然观,从本性上绝对不可能将包括才能、技巧或者法术等的艺术和与自然同化的人类行为结合在一起。

韩国的画没有不以自然为背景的,画人也要画被自然同化了的人。如果没有自然,韩国传统的诗文学也无法形成。因此韩国人更重视自然的价值,在表示自然和人类的同化作用时不能使用"艺术"

这个不高尚的词。

所以韩国人选用了"风流"这个词,也用"风韵"、"风骚"、"风雅"这几个词。所谓风流就是自然的潮流,自然的潮流就是韩国人的艺术。

金时习①作律诗或五言古风,先写到纸上,然后把纸放在水面上让它顺水流漂走。等到纸从视野中消失,他就再写上一段,再放到水面上让它漂走,这样反反复复直到太阳落山。他还削木头在木头上写诗,反复吟唱后突然哀号着将木头折断,或者把木头雕刻成农夫的模样放在书桌旁仔细地端详上一天,而后又突然痛哭着将它扔到灶坑里烧掉。

他还画了年轻时和年老时的两幅自画像,并在旁边写下这样一段文字。

你的模样十分寒碜,
你的心灵十分愚蠢,
想把你抛弃在深山里。

不是因为寒碜和愚蠢,韩国人从本质上就有想把自身置于自然之中,并怀有在那里将精神、情绪甚至生命"虚无化"的倾向。

---

① 金时习(1435—1493),朝鲜李朝时期诗人、小说家。

胡椒文化圈和发酵文化圈

自然与饮食文化的关系是密不可分的。

全世界的食物类型可以按口味分为西方的胡椒文化圈、印度的咖喱文化圈和韩国的发酵文化圈几种。其中每个文化圈的食物都有着各自最基本、最普遍的味道。

欧洲的主食是肉。传统的欧洲三圃式农业将一定面积的土地划分为三块,欧洲人只在其中的两块地上种植粮食,剩下的那块地轮番闲置,并且在那块闲置的空地上种植牧草,放养他们的主要食物来源——牛。

就像韩国人在冬天到来之前腌泡菜一样,欧洲人也准备过冬的食物,他们会把放养在闲置地块上的牛全部杀掉。那时候不像现在有冷冻设施,所以牛肉的储藏是最大的问题。虽然欧洲人也尝试过盐藏,但难免会有轻微的腐败。腐败就会产生恶臭味,而胡椒正是可以去除恶臭味的香辛料。

可是欧洲不生产胡椒,所以得到遥远的印度或者中东进口。中世纪十字军远征中东不仅是一场恢复圣地的宗教战争,也是一场抢夺胡椒的生存战争，这是已经被证实了的说法。独占了东西欧的贸易市场、统帅28万人口发展壮大的海港城市威尼斯，在历史上成为大商业帝国的原因也是因为胡椒贸易。

英国、荷兰、葡萄牙、西班牙等沿海国家穿越世界的原因也是出于寻找胡椒的冒险心理。胡椒在欧洲人的饮食中如此必不可少，它促进了把稍微变质的生食物直接加工成菜肴的饮食文化。欧洲的气候不像韩国一样容易让食物腐败，而韩国的气候可以让微生物急速繁殖、让食物变质，因此说韩国的自然是无法像西方一样吃生食物的活性的自然。

所以韩国的食物要经过发酵过程进行保存，培养出抑制腐败细菌的防御细菌。发酵过程中形成的氨基酸是韩国饮食的基础，韩国风味的特征之一就是在发酵过程中形成的氨基酸的味道。

大酱的味道是发酵的氨基酸的味道，辣椒酱也是发酵食品，它的味道也源于氨基酸。韩国食品中几乎无一例外要添加的基础调料——酱油，也是发酵食品，也有氨基酸的味道。

韩国的各种酱都是发酵氨基酸食品，和酱共同构成韩国食品两大支柱的各种泡菜也是发酵食品。使泡菜不腐败的抑制酶就是泡菜里富含的氨基酸。

韩国人喜欢吃的腌海鲜也是发酵氨基酸食品。韩国人还把各种蔬菜和瓜类串成串晒成干菜，放进大酱缸或者辣椒酱缸里腌上吃，这也是为了使其发酵。大酱缸和辣椒酱缸其实起到了老式冰箱的作用。

作为韩国食品基础的酱油、大酱、辣椒酱、泡菜等都是发酵食品，都有氨基酸的味道。韩国人到了国外从第二天开始马上就想吃泡菜、想念韩国菜的原因就是因为外国食品不经过发酵、没有氨基酸的味道。

韩国人周围的自然环境是活性的，所以食物很容易腐败。为了防止食物腐败，萌发了以毒攻毒地通过发酵让食品适当地变酸而停止腐败的智慧。

所以在韩国，将放置发酵食物用的酱缸台看得很神圣的民俗信仰出奇地发达。因为韩国人认为发酵是变质，而变质不是靠人类的力量实现的，而是超自然的神的旨意。在韩国给酱缸围上金线的传统风俗是为了保障发酵的神的工作；酿造酱油的时候，把绑在金线上的艾草或者红辣椒放进缸里的习惯也是源于把发酵看得很神圣的民俗信仰。

欧洲人使用胡椒这种佐料来去除食物的腐败味儿，中国人用油炸、韩国人用发酵来防止腐败，这些智慧是各个国家所处的不同的自然环境给予人们的。韩国的自然使韩国形成了发酵文化，这种发酵文化不仅影响到韩国的食物，而且对韩国人的衣食住行、看待事物的意识结构，甚至对韩国人的生死观都产生了影响。

月亮的精气是多产能力的象征

韩国语中"正月十五喂狗的丫头"这句俗语意为做对自己不利的事。韩国人认为正月十五给狗喂食是对女人不利的行为,这也明显地体现出韩国人的自然观。

韩国正月十五的民俗中有让狗挨饿的习俗。韩国人认为月食的原因是狗啃了月亮,也由于狗能吃掉月亮的精气,所以认为狗和月亮是相克的,因而形成了正月十五让狗挨饿的习俗。

正月十五的象征是圆圆的月亮。如果说太阳是男人的本质——阳力的能源,那么月亮就是女人的本质——阴力的能源。古时候过着严格封闭生活的韩国妇女,在正月十五的夜晚反而会被强迫外出,这也是为了让她们分享十五的月亮所具有的阴力,也就是多产的能力。

狗是掠夺珍贵的月亮精气的敌人,给狗吃东西它就会对月亮的精气侵蚀得更甚。这就等于削弱了自己的阴力补给源，使自己的阴力补给源枯竭，上元喂狗结果等于害了自己。

在这个世界上无论多么热爱自然，也不必具体到用口或鼻子吸入天体的精气，让它在自己的身体里消化吧。恐怕不会再有哪个民族有像韩民族这样让自然与人同化的习俗了。

可是在韩国隐秘而广泛地流传着定了良辰吉日之后就让女儿吸食月亮精气的食月习俗。阴历十五的晚上，年轻女人会在乳母、姨母和姑母的监视下，面向升起的满月吸入月亮的精华。她必须在监视人拍手八次的时间内连续吸气，然后再在同样长的时间里连续呼气。这样的深呼吸几乎超出了正常人呼吸的极限，而韩国人认为至少要如此呼吸九次才能得到月亮的阴力，也就是多产的能力。由此可见韩国人对多产的欲望是多么强烈。

什么是最理想的教育方式？

中世纪在西方占支配地位的教育习惯是把孩子托付给亲戚或者他人抚养。孩子和父母分开，在他人膝下成长的同时学会生活上、工作上的知识和礼节。

那时职业生活和私生活还尚未区分开来。一方面，孩子在别人家成长生活、学习必要的知识；另一方面，受人之托替别人抚养孩子的人和这个孩子生活在一起的同时，也传授自己的技术、知识以及对生活的体验。

这些西方的孩子离开父母的年龄大约在七岁，在别人家生活一段时间后，许多子女中只有一个人可以回到自己家等待继承家产，而其他的男孩子就得进入社会。

在西方有这样的传统，抚养孩子时为了防止受感情困扰而阻碍孩子的人格培养，父母会毫不留情地让孩子离开自己。这种脱离教育是西方人人格形成的重要因素，这与结婚后仍然待在父母身边的韩国人的人格形成极大的对比。

16世纪末叶开始，教会附设了为民众开办的基础教育机构——小学（petite école）、慈善学校（école de charité）等，这引起了家庭内部育儿方式的变化。也就是说从将子女寄养在其他家庭的他家教育制度中解放，悄然掀起了为了接受学校教育而让孩子回到亲生父母膝下的养育革命。今天的学校教育制度带来了把孩子从家庭中夺走的现实，17、18世纪的西方学校教育制度却带来了把孩子送回家庭怀抱的结果。

恰巧在16世纪末叶前后，西方社会大家族制度亲戚集团的连带性减弱，家庭核家族化，家长的权力和权威得以大幅度提升。

也就是说，16世纪后半以前，父亲不过是家产的管理者。从16世纪后期开始，他掌握了家产所有权、遗言处理权、排斥子女的意见而决定他们婚姻的权力、不留遗产给子女的权力、甚至把违背自己意愿的孩子关进国营监狱或修道院等的权力。他可以用这些强权管理子女。

孩子回归家庭的时期和家长权力的增大是同时的，所以回到家的孩子面对的不是父亲无私的爱，而是非常严厉的权威。他们可以用国家法律的名义警告或者监禁子女、甚至把他们送进监狱。在这种父亲的权威之下，西方的孩子无法不接受严格的教育。

1816年作家巴尔扎克在自传体小说中描述了自己年少时父亲是如何的严格。

"高中毕业的时候，父亲把我的房间安排在紧挨着书房的那一间，他严格地监视我的作息时间，甚至对躺着和坐着的时间都做了规定。我的行动和学习无论在时间还是空间上都被严格控制着,不容我自己有任何一点想法。吃晚饭的时候父亲也必须要我报告所有的金钱开支明细,父亲是那么的可怕。"

韩国育儿观和西方育儿观的根本区别在于孩子是否对父母有依赖性。也就是说,将育儿的价值放在断绝依赖倾向的西方,已经从他家养育时代开始就断绝了父母和孩子之间的情感依存倾向。孩子回到父母身边后,严父主义抬头,这也严格地断绝了孩子依赖父母的倾向。

在韩国也有严父慈母的传统,但这无论如何都是迫不得已的。韩国的父亲即使严厉,其摆威风的目的和层次也和西方的严父不同。西方父亲的严格是为了子女未来的人格发展,而韩国的父亲对子女施威是为了家族的名誉,是在子女和家族的关系上严格。

韩国的村落共同体认为,不让别人看着不顺眼、不受别人指指点点的人是最理想的。比起启发个人的资质或者增长个性、培养创意能力这类人性方面的能力,在韩国养育或教育的目的是培养出在共同体中不讨人嫌、不受人指指点点的平庸的人。因此如果孩子做出脱离了平均性的特异思考或者行为,父亲就要展示出威严的一面了。

过去,韩国的父亲比西方的父亲的权限更大。不仅是继承家产,他们手里还攥着祭祀权、继承权,还有全家人的道德责任、法律责任。父亲要承担全家所有未成年人、妇女所犯下错误的一切刑事责任。即使子女不是未成年人，犯下了大罪也要和父亲一起连坐。

除此之外，家长在道德和法律上可以对违背伦理道德或者犯罪的子女动私刑。有人甚至动用死刑作为惩戒，而这么做竟有获得道德上称赞的倾向。

殊途同归

韩国人有为了获得某种结果而十分草率行事的倾向。为了结果而工作这在东西方是没有区别的。然而如果说从诚实地履行过程到获得结果所需要经历的过程属于过程主义,而忽视过程只注重结果属于结果主义的话,那么韩国人就属于结果主义这边。

我们可以从韩国的民俗中感知到韩国人普遍认为不论做什么都是做得越快越好。可是凡事都应该看具体情况才能下结论,虽然说趁热打铁是对的,但饭吃得快容易噎着,学得快不一定效率高。

相反,土耳其人认为做事越慢越接近至善至美,所以他们总是在句子末尾加上"慢慢地"三个字。韩国人认为把今天的事拖到明天去做是不道德的,而土耳其人却认为这样做是美德。

法国人吃晚饭一般用两三个小时。他们为了享受吃饭的过程而最大化地延长时间,认为尽情享受延长的时间是很有意义的事。

可是韩国人不论饭桌上的菜多么丰盛，全家聚餐时除了爷爷、奶奶，其他的人都会在 15 分钟以内吃完。连沸腾的牛肉汤也一边呼呼吹着热气一边吃，5 分钟以内就吃光了，甚至有的人 1、2 分钟就把炸酱面或者方便面吃完了。

这样以超级快的速度吃饭的复杂的理由之一是韩国人的结果意识。

吃饭的目的只是为了填饱肚子，吃饭这个行为的结果就是如此。为了尽快得到这个结果，就有必要尽量缩短吃饭的过程。韩国人从意识结构上不可能像欧洲人一样延长吃饭的时间、享受吃饭的过程，韩国人还认为吃饭的时候说话也是违背礼仪的不道德行为。

韩国人喝酒的速度极快的原因之一也是因为韩国人不习惯于享受过程，而是习惯于享受结果。在单位时间内摄取的酒精浓度高是因为想要获得喝醉的结果，是为了更快地得到这个结果而缩短过程所产生的必然。

西方人虽然不分时候地喝酒，但是喝酒的速度缓慢，为了享受渐渐喝醉的过程，尽量延长喝酒的时间。所以即使到酒吧坐上几个小时，最多也只喝一两杯。在美国的大众酒吧每点一杯酒都要结算酒钱，这种结账方式符合他们享受过程的喝酒方式。

可是喜欢享受结果的韩国人到了一杯一结账的美国酒吧就会觉得不方便。因为一杯接着一杯喝得飞快，每喝完一杯就要付酒钱，他们甚至不知道自己是来酒吧喝酒的、还是来酒吧算账的。所以干脆把 5 美元或者 10 美元放在桌子上，让服务员自己去算，这是韩国人的习俗。

韩国人还有想表现出自己喝了酒的趋向,这也可以解释为是结果意识所致。换句话说,韩国人一般都会很快地喝完,然后用筷子敲东西、唱歌或者提高嗓门说话,甚至还有为了耍酒疯而喝酒的倾向。或许正因为是这样,韩国成了对耍酒疯很宽容的国家吧。

韩国人喝酒不是去享受渐渐喝醉的过程,而是为了得到喝醉的结果,所以又为了让别人承认自己喝醉的结果而耍酒疯。

结果是过程末端的"点",过程是通向结果的"线"。想尽量省略线或者缩短它、一跃而得到点的是结果主义,耍酒疯就是到达了这个"点"的证据。

韩国的古典小说中恋爱元素稀少的理由或许就是因为恋爱是过程而不是结果,古典小说中的恋爱元素不太符合韩国人排斥线、想使线缩短直接连到点上的意识结构。

一提到古典恋爱小说,人们就不由得想到《春香传》,因为它的恋爱元素比其他小说多。可是如果偏要给《春香传》定个性的话,我们不能把它看作恋爱小说,这是为什么呢?

李公子在南原广寒楼散步时对荡秋千的春香一见钟情。如果《春香传》是恋爱小说的话,小说刚开始就提到的萌发的恋情是一个"点",它作为一个结果至少应该在《春香传》的后半部才出现。只有这样,才有徐徐展开恋爱故事的余地,而《春香传》却尽可能地朝缩短和排斥"线"的方向发展。

　　李公子从广寒楼回来,就连等到天黑这个暂短的过程都觉得心急如焚、等不下去。

　　"太阳这是怎么了?离天黑还早着呢!哎呀,这不是要我的命吗?我是不是该去请求羲和(羲和:尧时,掌管天文的官,是太阳的赶车夫)快马加鞭?太阳这是怎么了?离天黑还早着呢!哎呀,这不是要我的命吗?我是不是该去请求有穷(有穷:古代夏的部落名称)、羿(羿:剑射得好而登上王位的人)射箭?现在您也不知廉耻了。这是怎么了?离天黑还早着呢!您走得那么慢,别说是夸父(夸父:古时追逐太阳没有成功而死去的人)了,就是腿脚不好使的都追得上您了。"

　　就这样,李梦龙连太阳落山的过程都等不及,天刚刚黑下来就急不可耐地让通引和随从前面带路,直奔春香家去了。

　　进了春香居住的厢房,在呼唤了无数次的"爱啊,爱啊……"之后,就想脱人家的衣服。也就是说,李梦龙第一次看到春香的那天晚上就得到了"点"。如果说这个故事也有"线"的话,这"线"就是连渲染带举例急急忙忙地想缩短的总共半天的时间。

　　这样在刚开始就想画"点"的《春香传》无论怎么说都是守节小说,算作恋爱小说的话,从结构上来说有太多的缺陷。像这样,韩国的古典小说中恋爱元素蒸发了的理由是因为恋爱只是过程要素,因而被结果意识排斥。

　　不仅小说的故事情节如此,韩国人旅行也采用结果主义。如果旅行的目的地是雪岳山,那么作为结果的"点"就是雪岳山。如果是重视过程的人,会在去雪岳山的过程中仔细地欣赏景色,比如关东的景色、东海的景色、或者途中的古迹、寺庙等等。放在过程的比重和放在结果的比重一般差不多，或者反而更重视过程。

与之相比，韩国人只要设定雪岳山是点，则认为到达它的线越短越好、没有更好。为了让线虚无化，而打着呼噜睡觉，或者一边喝酒一边唱歌，摇晃着身体钝化线的感觉。你往高速公路上跑着的旅游车里看看，里面十有八九的人都在蹦蹦跳跳，等于说为了虚无化过程而进行着艰苦的劳动，并且只是向着雪岳山这个结果猛冲。

几年前我曾经从美国出发，在夏威夷转机去澳洲。

我一登上澳洲航空的飞机，机内广播就说飞机因故障推迟5个小时起飞。我在保税区无所事事地等了5个小时，憋了一肚子火，终于上了飞机。

客机原定在南太平洋景色很好的斐济岛的南迪国际机场加油，然后去澳大利亚。可是一到南迪国际机场又传来了机内广播，内容是飞机的水压装置出现故障，要推迟11个小时出发。

加上在夏威夷等的5个小时的窝火，我气愤地揪住自己衬衫的衣角，扯掉了3、4个纽扣。可是搭乘了300多人的客机里只有我一个人发火。推迟起飞的广播刚一结束，所有的乘客都高兴地叫起来，有人吹口哨、有人喊万岁，还有人抓住旁边走过的空姐就亲，一片欢天喜地的场面。

对于推迟起飞的广播，我和其他乘客立马表现出完全不同的反应。那么如果说我和其他乘客都没有发疯的话，这种完全相反的反应是无法解释的。

他们欢呼跳跃的理由很简单，有些人花巨资来斐济岛旅游，而我们由于推迟11个小时起飞，可以免费旅游斐济岛了，这怎么能不让人高兴呢？

在澳洲也没有什么人等我，工作上也没必要按时到达澳洲。虽然没有任何要在限定时间内取得结果的强制性要求，我为什么会因为结果获得得迟了而生气发火呢？这就是因为我的韩国人的结果意识在无意识中显露出来了。和相对结果而言更重视过程的人种相比，韩国人对瞬间发生的事情的反应会截然相反。

韩国人到了旅游景点就专心致志地以结果为背景拍照留念，我认为这也是因为过分专注于结果而导致的结果私有化现象。

等级制称谓猖獗的社会

在韩国,男女之间对话时经常使用"jaki"(自己)这个词。"jaki"(自己)这个爱称包含着复杂多样的结构和含义。

在韩国社会,晚辈对长辈或者长辈对晚辈的等级制称谓很发达,但是几乎找不到对身份平等的对方的称谓。比如,"neo"(你)、"ya"(喂)是对下级的称呼,"tangsin"(您)或者"keutae"(您)是对上级的称呼,对第二人称没有对等的称呼。其原因不仅是因为我们的社会是竖直的、有序列的结构,还因为所有的人际关系都是有上下序列的。

因此,最近在年轻人的众多问题中抬头的问题之一就是韩国缺少平等的对第二人称的称谓。因为有等级制的称谓无法对平等的人际关系表示亲密感,而关系亲密的男女之间非常需要这类词汇。

"jaki"(自己)这个违背常规的第二人称称谓产生

的原因就有着因为韩国缺少对第二人称的称呼的文化结构背景。"jaki haengbokae?"（自己幸福吗）？不知道年轻人是否觉得这句话很甜蜜，但是上了年纪的人听了这句话就觉得浑身起鸡皮疙瘩似的不舒服。

这种抵触情绪可能是自然反应。理由之一是"jaki"（自己）这个称呼与我们传统的序列结构社会不相符，也就是说对这个词的抵触情绪源于对平等称谓不熟悉而引起的抵抗。

除此之外，也是由于韩国人对"幸福"这个词比较陌生。虽然韩国人不是不知道幸福这个概念，但从传统意义上来说，幸福这个词是无法出现在韩国人的对话里的。韩国人认为它是不道德的、是禁忌的，所以不仅在诗和信中很少使用它，在日常生活中幸福这个词也成了死语。与之相比，西方人经常使用幸福这个词。即使是在躲藏在阁楼里生活的艰苦条件下，安妮·弗兰克也一直在询问家人"我幸福吗？"，以此来确认自己是否幸福。被希斯克利夫抱着死去的《呼啸山庄》的女主人公凯瑟琳说的最后一句话也是："我很幸福！"

"领英国的孩子去假面舞会，他会说觉得自己很幸福；给美国的孩子一块可口的饼干，他也会说觉得自己很幸福。"斯坦贝克这样慨叹幸福的价值已经变得如此微薄了。不知是否因为幸福的价值变薄了，美国家庭的夫妇每天都必须互相确认是否幸福。"你幸福吗？""我幸福吗？""你很幸福！""我很幸福！"这是在确定夫妇间是否琴瑟和谐、爱情是否一帆风顺。有人说美国男女的自由离合正是以这种确认风潮作为基础的，不过我觉得这应该理解为对幸福的意识结构的差异。

"jaki haengbokae?"（自己幸福吗？）这句话就是将对于我们来

说陌生的爱情确认信号"Are you happy?"(你幸福吗?)这句话直接进口。韩国传统的思维模式是不能容纳这一点的,因为不能容纳,所以才会产生抵触情绪,感觉全身起鸡皮疙瘩似的难受。

西方人严格的下班时间

我从在旧金山某保险公司工作的一个韩国朋友那里听到了下面这个故事。

一天,在公司工作之余,他把椅子转过来看窗外辽阔的海景。可是玻璃窗脏了,欣赏美景的时候总会受到干扰,所以朋友就用手绢擦了擦一人高的大玻璃。坐在他旁边的美国同事很郑重地告诉他不要那么做。他觉得很惊讶就问为什么。这个美国朋友说:"擦玻璃是专门擦玻璃的工人的活,你不能擦。如果被工会的相关工作人员看到,他们就会以你违反合同为由以后不来擦玻璃了。如果只是2层楼这样的玻璃你还可以擦,你能一个人把整座高层建筑的玻璃都擦了吗?"

这是显示出契约社会严谨的实例。再举一个例子。

在商店工作的一个韩国朋友在闭店前10分钟接到了向顾客广播闭店时间的通知。他不是不能自己做这件事,而是觉得自己的发音不好,不如让美国人做更好。所以他就拜托自己的美国同事去做,可是一直和他关系很亲密的同事把他顶了回去。"那不是我的工作啊。"

除此之外，看欧洲或者美国人工作的场景，有很多事是作为韩国人所无法理解的。

首先，即使没有什么下班以后需要留下来完成的剩余工作，也要先做好下班准备，等时钟的秒针一指向下班时间，就马上从椅子上跳起来。

即使正在做一项工作，到了下班时间，也要把手上的工作停下来离开公司。不论是正在算账还是正在写信，反正是不继续做正在做的事情。他们很乐意中途停下来，更有甚者，一个单词拼写还没有结束，也会停止敲打字机。

参观芝加哥的一个皮革工厂时，给我们做向导的韩国学生说，比起工厂的内部，他要给我们看一个更壮观的场面。他把我们带到能看到停车场的窗户旁边，有1 000多台车停在那里，挺壮观的。我问他是不是让我们看这个，他说："不是，请稍等一会儿。这么多的车马上就会消失得无影无踪、一台都不剩了。"

随后果真不出所料，那么多的车就像退潮一样消失了，真的很壮观。这壮观的场面从下班时间开始持续了差不多5—10分钟就结束了。

其次，西方的公司里可以在职员选定的日期随时休假。他们不考虑是否会因为自己休假而给其他同事的工作带来不便。

最近韩国的青年人中自由休假的趋向也增多了，

可是不论怎么个自由休假,也得在休假之前把自己负责的事情做完,最好不要给同事带来不便,这是常识也是惯例。

可是不能指望西方人这样。放假前理应把紧急的文件之类处理好了再走,可是他们就搁置工作休息个十天半个月的。即使这给工作的进行带来诸多不便,但这不违反合同,所以挑不出任何错误。

另外,西方人不做任何合同规定的工作以外的事。找不到像韩国的打字员那样既要接待顾客,又要端茶倒水这样的万花筒似的工作。即使拜托一个暂时闲着的打字员打一个业务信函信封上的地址,他也会断然拒绝。如果你一定要以上级的姿态命令他这么做,他就会递交辞呈或者要求更改合同条款给自己加薪。

我曾经在以色列的特拉维夫机场问一个在登机口工作的机场女职员 10 点钟去雅典的飞机在哪儿登机,我记得她说"那不是我的工作",就没有告诉我,而她肯定是知道的。

与其说"那不是我的工作",还不如告诉我去几号登机口更节省时间,然而她却如此无情地拒绝做自己工作以外的事情。

慢慢的印度列车旅行

每次去印度,目的地都是乡下,所以有很多坐火车旅行的机会。第一次去印度的时候,联想到韩国的回乡列车一票难求,提前两三天就到车站去买了票。第二次去的时候,觉得似乎没必要跑两次火车站,出发前30分钟到车站买了票。第三次去时,我已经适应了印度人的时间观念,比原定的火车出发时间晚了两个小时去的车站,结果也赶上了那列火车。

那是发生在瓦腊纳西的事。

我之前预订的日程出了些差错,得马上离开那里,就给火车站打电话问什么时候有开往库什那加的火车。那时距离上一班车的出发时间已经过了5个小时,即使印度的火车再不受时间约束也不能晚点5个小时啊……我打算放弃了,可宾馆的职员十分肯定地说现在去的话也能赶上那列火车。

这个职员的忠告非常有用。超过出发时间足足5

个小时,那列火车还没有出发。不是因为火车头的速度慢,不是机车故障或者燃料供应出了问题,也不是道路不好,而是因为印度文化圈对时间的意识结构的差别。

清晨或者中午、两顿饭之间、傍晚时分……只要一到吃饭的时候,不论火车停在哪个站,所有的乘客都会无一例外地分散到车站的各个角落,掏出各自准备好的便携式铁罐,点上火煮红茶喝。又是用嘴呼呼吹气,又是用扇子扇着煮茶,这真是不可理喻的光景。

更让外国人觉得荒唐的是,没有准备炊事工具的几百名乘客会拿着各自的水杯跑到火车头那里排队。火车司机就会出来,把火车头的热水管拔掉,往乘客端着的杯子里倒水。这情景从某个角度看来十分太平,从另一个角度看来又太有人情味了。

火车时刻表上是没有这样为吃饭割爱的时间的,但是也没有广播说让乘客在规定的时间内把饭吃完。

一到吃饭的时候,火车就充分保障乘客吃饭所需要的时间。唯一的催促手段就是乘务员在月台上走来走去地用脚踢喝完茶躺在月台上休息的乘客。

所以吃饭的时候火车停靠站台原定5分钟的停车时间经常延长至40分钟、50分钟。晚了这么多,抗议的、不满的却只有外国人,本国人一个都没有。因为火车晚点的原因不是外因,而是乘客自身的内因。即使不是因为我,也是因为其他乘客的原因晚点,因为有这样替别人考虑的想法,即使晚点了大家也不会不满。

那是快要到我要下车的地方——国境附近的戈勒克布尔的时候发生的事情。我问车长要停车几分钟,他说10分钟。我去那里是因为要攀登喜马拉雅山,所以行李很多,担心在那么短的时间内来不及把行李搬下车,我就从火车的卧铺车厢把行李先移到了过道里。列车长非常亲切地安慰我说不用太担心行李,一到站我就听见了列车长踢跶踢跶的皮鞋声。

他对我说:"我去叫搬运工来。"说完又迈着同样的步伐走过去了,过了5分钟他才和搬运工一起出现。把那些行李搬到站台上用了大约10分钟。我们刚一出站台,列车长就从后面跟上来嘱咐火车站的工作人员要把我们陪好。

我走进车站附近一个小型宾馆的餐厅吃了早餐。有面包片、炒鸡蛋、咖啡等简单的食品,吃完了这些我还抽了根烟。有四五个好像是和我从同一列火车上下来的印度人坐在我背后吃面包。里面有一个人的声音听起来有些耳熟,我就掸了掸手里的烟灰回头看了一下,夹在那群人里吃饭的不正是我来的时候坐的那列火车的列车长嘛!我吓了一跳。

在座的人们挽留他再吃点什么再走,列车长看了看表说"太迟了",就朝车站方向踱步而去,丝毫看不出着急的样子。就这么晚了四五十分钟,列车长进了站挥了挥手里的旗子,火车就开走了。

如果是在韩国出现这样的事,大概不只是列车长会被众人殴打,估计火车也会破损,车站也要经受扔石头的洗礼了。可是印度人好像很享受迟了的时光,事实上无论让印度人等多久,他们也不会发火。相反,他们自己晚一点也不会觉得对不起别人。

另一次是在同样属于印度文化圈的尼泊尔发生的事。韩国喜马拉雅山登山队租用客机从尼泊尔的首都加德满都到登山基地博卡拉,定于上午10点钟从机场起飞。外国登山队必须有尼泊尔政府派遣的政府联络官随行,我们也向我们登山队的联络官巴塔警卫告知了出发时间。

可是到了10点联络官还没到,派人去他家和他上班的地方找也不见他的踪影。又过了一个多小时他才出现在机场。大家很露骨地责备他来得太晚,但他露出一脸无法理解我们大家为什么一脸阶级斗争的表情摊开双手耸了耸肩。

他说自己去了一两个印度教寺庙,在眉间点了红点,那是毗瑟努神的护身符。"我是为了你们登山队的安全才去向毗瑟努神祈祷,请求他的保护。难道因为你们不信印度教,而我却请求印度教的神保护你们,你们不高兴了?"他这样反问我们,我们倒是无话可说了。

问题是这个巴塔警卫的迟到延长了客机租赁的时间,涉及客机租赁费用的经济补偿问题。我们想和国营航空公司商量一下延长了一个小时的飞机租赁费用问题,又一次让我们觉得不可思议的是,他们根本没有考虑过对延长的租赁时间要求经济赔偿。连续碰到这样的事,我逐渐发现他们不受时间约束的文化并不是劣等的,反而是我们这些成了时间的奴隶、每天算计着时间生活的民族的文化才是劣等的。

到印度文化圈旅行,和那里的人接触就会发现,他们对时间有着完全不同的价值观。我们所说的时间是指人们制造的手表的时间,而印度人所说的时间是和人毫不相关的自然或者天理规律的时间。印度人对五分钟、一个小时、一天、一年的时间概念迟钝,但是他们有着像流淌着的恒河一般悠久的时间观念。

由我们前面所举的例子就断定印度人没有时间观念是个太轻率的判断。他们俨然是有时间观念的，只是衡量时间的价值观不同罢了。印度人不怎么守约不是文明是发达还是落后的问题，我们应该从文明的质量和形态方面去考虑这个问题。

因为越是未开化的民族就越遵守时间，这是文化人类学的民族学领域经常提出的观点。虽然没有时钟，他们经常约好在太阳升起的时候或者树荫最小的时候见面，遵守这种约定的未开化民族的事例很多。换句话说，守时与不守时是文化的质的差别，不是先进与落后的差别。

韩国人的灰色地带

在加利福尼亚旅行的时候，偶然读了当地地方报纸的社论。内容是谴责私人侦探不法入侵私家领地，说这一点亟待取缔管制，这是理所当然的主张。可是再往下读发现该社论对美国人来说也许是很正常的，但其观点作为韩国人是无法理解的。

写这个社论的起因源于下面这起杀人事件。

一个私人侦探入侵了伯克利的一幢私人住宅，所谓入侵私人住宅，也不是像在韩国翻墙进入别人家的院子之类带有冒险性的入侵。美国的房子是没有外墙的，所以只不过是踩了踩那家的草坪。这个私人侦探为了调查某件事，受人之托要拍住在那家的青年人的照片。他把相机长镜头的焦点对准了那家的窗户，然后把一个小石子扔到窗户附近的车库屋顶上。他打算等屋里的人听到声音朝窗外看的时候拍照片。

可是听到声音向窗外看的青年人立刻发现了站在草地上偷拍的陌生人的影子，他很快提着枪跑出来命令偷拍的人停下来。偷拍的私人侦探转身逃跑，青年就追上去开了枪，而私人侦探在送往医院的途中气绝身亡。

韩国人都会对这起算不得什么大事的入侵而导致杀人的事件感到震惊,尤其会认为这个青年的行动算不上是正当防卫。走进一个连墙都没有的空间界限,有可能因为要捡回一顶被风吹走的帽子,也有可能是进去问路的。而且但如此,青年也没有受到入侵者的任何威胁。入侵者只是因为逃跑就被打死了,这么强的警戒意识对韩国人来说是生疏的。更让人吃惊的是美国人对于这起杀人事件的态度,没有人谴责不由分说的射杀,而是一致弹劾住宅空间的不法入侵者。

这代表了美国人的警戒意识,让我感觉到和美国人的距离感,以韩国人的警戒意识是无法理解美国人的。

在美国,处处的空地都无一例外插着"私有财产,禁止侵入"这样的标语。即使是什么都没有的空地,也和人居住的空间一样,适用俨然的警戒意识。在美国找不到像韩国这样因为是空地就在上面投接棒球,或者当作捷径斜穿过去的太平气氛。如果在韩国,因为是私有财产就不允许别人使用空地,这种做法反而会被指责为无情。

不仅仅是空地。在韩国农村,陌生的行人不管主人在家还是不在家,都可以直接走进后院去喝泉水,坐在屋檐下的地板上休息过后再走。韩国屋檐卜的地板就是体现这种宽厚待人的住宅空间意识的结构之一。

屋檐下的地板既是向外部开放的半外部空间,又是和内部接触的半内部空间,外人即使进了别人家也不会有进入别人家内部的心理负担。屋檐下的地板是能放松身心地坐下休息、聊天的空间。相反,它也是只要坐在那里,觉得自己是外人的想法就会减半的魔法似的奇妙的空间。所以韩国传统住宅的内部空间和外部空间不像西方的住宅那样分得清清楚楚,而是有缓冲、融合过程的空间。屋檐下的地板,以第三空间的形态存在于韩国的传统住宅中。

外人站在院子里说话和把他叫进来坐在地板上说话,无论是从心理上还是亲密感上,都有很大的差别。西方式的人际关系泾渭分明,不论是外部还是内部、是对还是错,而韩国的屋檐下的地板是从结构上诱导从外部接近内部的人际关系的空间。

在宽广的荒原看月亮和在屋檐下背靠着柱子、骑坐在地板上看月亮,还有关在房间里往窗外看月亮,这三种方式观看的对象是一样的,但是不同的地点所酝酿的情绪和情调则各不相同。荒野上的月亮是完全在外部空间看的月亮,房间里看的月亮是完全从内部空间看的。而从屋檐下的地板上看的月亮是以外部和内部缓冲心情看到的,是最符合韩国式情绪的。

看荒原上的月亮,你不可能联想到砍伐月亮上的桂树去盖三间茅屋;关在室内看到的月亮也只是投射了受压抑的自身状况的悲伤的媒介,无法让人联想到三间茅屋或是没有帆也没有风标的天国的航海。

这种韩国住宅空间的缓冲性也可以用西方的玻璃和韩国的纸张或者门帘来代言。住宅的现代性的测量标准可以说是与使用了多少玻璃成正比的，现代建筑中使用了如此多的玻璃。玻璃具有采光性和透视性，其功能在于让内部和外部隔离的同时，视觉上将室外的空间自由地引入室内。

也就是大胆地让外部空间侵入内部。另外，玻璃可以和帘子或百叶窗配合使用，完全与外部隔离，且拥有极端的明暗功能，是与西方人的空间意识相符合的产物。

也许是因为玻璃与西方人的空间意识相符合，它进入韩国的时候不可能不发生变化。所以为了缓冲玻璃的透视性，韩国人更喜欢漆得雾蒙蒙的磨砂玻璃，或者带花纹的半透明压花玻璃。然而在美国很难找到缓冲透视性的玻璃。

很多韩国家庭的窗户全部是加工过的玻璃，或者至少玻璃的下半部是半透明的。如果玻璃不是半透明的，韩国人宁可在玻璃上贴上有花纹的纸把它变得半透明。

韩国传统住宅空间的隔离物是韩纸，又叫作窗户纸。这个世界上有各种各样的纸，随着文化的发达也出现了多种奇特的纸，贴在门上的纸必须是窗户纸的原因就是因为窗户纸拥有最适合韩国人的传统空间意识——起缓冲作用的半透明性。

即使用比窗户纸更薄的纸来糊门的话，也会因为透明性不住而感觉房间憋闷，因为一般的纸张遮住的不仅仅是光线，也遮住了"气"的通过。气不一定是指物理上流通的空气,我们说气氛、气韵、气色、气焰、气味、气力、气概、气象的时候,其中的"气"都是指精神上的、感情上的。

用窗户纸粘贴的韩国的门能够让门内外的气流通。韩国有着这样的习惯,为了观察长者的脾胃舒不舒服、心情好不好,就在粘了窗户纸的门窗外边屏住呼吸动员六感进行"气察",这也是因为气可以通过窗户纸的缘故。如果是木门或者铁门的话,怎么能在外边发觉里面的人的心情呢?

因为纸门能透过这样的精神元素,也可以形成精神缓冲地带。如果说西方人的空间是黑白分明的线条式的,那么韩国人的空间就是黑白之间的灰色地带式的。这灰色地带也就是给韩国人的思考、情绪、行动方式等带来极大影响的韩国人的同一性。

柏林的秋夜

韩国以嘈杂的虫鸣来认知秋天的到来。稻田里各种各样的病虫害相继发生,坐在树丛里侧耳倾听,会传来数百数千的虫鸣交响乐。

我曾经在某个秋天在柏林的郊外度过了几日,想尽办法都听不到虫鸣的声音。欧洲的秋天不可能是虫子告知的,欧洲自然的生产性不是很强,不能诞生那么多的虫子。在欧洲夏季结束时,衣服、书桌、家具上也不会长霉菌。

去丝绸之路旅行的时候,我在阿富汗看到了巴米扬大佛,我直观地感受到中亚的自然也是非活性的自然。

雕刻着世界上最高立佛的岩壁不是韩国的那种硬质的岩石,而是用水胶粘的沙土似的沙质岩石。无须故意用力、只要用手指轻轻一刮就--会有干燥的沙粒掉下来的那种沙土质的岩壁上雕刻着巨佛。

如果是韩国人,连想都不会去想在那样松软的壁面上刻纪念性的雕像。因为无论是多么巨大深刻的雕刻,经受几十年的风吹雨打、冰冻融化的收缩和膨胀,还有沙土中无数虫子和细菌的侵蚀,雕刻的形象都会所剩无几。

可是即便如此,巴米扬大佛雕刻至今已经有1700年的历史了,它还能够保留原样,韩国人只能认为这是一个奇迹。我爬上爬下地看那个雕塑,用手指轻轻地刮了一下佛像的材料,材料竟然就掉了下来,我故意破坏了人类巨大的文化遗产。我感叹能让这么脆弱的文化遗产长时间保存下来的非活性的自然和不可能保存这么长时间的韩国的活性的自然。

在非活性的自然中生活的人形成了自由自在地利用自然的意识,他们不过是把自然当作人们可以利用的物质。可是生活在活性的自然里的人认为自然不仅是物质的,还受某种靠人的能力无法知晓的自然法则的支配。

支配自然的众神心情好的话就会施恩,由于人类不可知的某种原因心情变坏的话就会降临灾害。所以人们为了不让神不高兴,只能跪着祈求祷告。

我们没有办法弄清楚神为什么会心情好或者心情不好,只能在处于支配地位的神的面前俯首。在欧洲,征服自然利用自然的历史从很早以前就开始了,这也是由于非活性自然的本质的原因。

我们只知道埃及和希腊等古代文明留给今天的是金字塔、帕提农神庙等伟大的古迹,而我们往往遗忘了这样的事实:为了形成这些文明而破坏了希腊或者中近东、非洲北部的绿色自然,使沙漠增加。之后,罗马帝国从地中海沿岸开始征服了中欧,到公元5世纪,又征服了非洲北部海岸。那时地中海沿岸的原生植物——常绿针叶林除了北欧以外已经都被破坏了。而覆盖中欧的阔叶原生林在距今200年以前就都被破坏了。

从飞机上俯视希腊、意大利、西班牙、法国还有非洲北部的地中海沿岸,只能看到一片片红棕色的荒地。去意大利南部或者西班牙等地旅行,偶尔能远望到类似牧草地的绿色平原,可是走近看的话,会发现那不是草地,而是长满了坚硬针叶刺的灌木丛。

像这样,对欧洲自然的破坏有史以来一直延续着。这让我体会到自然是可以支配和征服的,并且与文化和文明的发达是直接关联的。

人类长期以来对自然的破坏给人类生活带来的负面影响早就为人所知了。在欧洲最早下达的国家规模的山林破坏禁止令,是大约在200年前德国的普鲁士政府发布的。禁止在树林里放牧家畜,采伐森林的时候一定要以种植同样面积的森林为前提才能获得允许等,对自然的保护很彻底。

现在西德、荷兰、智利、丹麦和瑞士等中欧各国的平原大量覆盖着的阔叶林,不是自古就有的天然林,而是这200年来种植的人工林。

与之相比,韩国人认为树长到一定的大小或者是古木,就不再把它看成是普通的树,而认为有神灵住在其中。所以不能砍伐神灵栖息的树,也不能砍树枝或者破坏它，否则会遭遇不幸。

也就是说，韩国人认为如果犯忌的话会有灾难降临：横死，家里有人生病，或者家里着火把东西都烧光了等等。神灵掌管人类的祸福，因此树成为信仰的对象，在民间信仰中占有很大的比例。所以有人在大树前摆上食物祈求生子、祈求病愈、祈求丈夫平安发达。

这种信仰的对象——树，不再是物质性的物体，而是神灵附体的精神性的神体。怎能胆敢用斧子砍伐神体或者用锯锯断神体呢？在以木头作为主燃料的韩国，山林也未能避免变成荒地。可是韩国山林的荒僻与欧洲山林的荒僻有着本质上的不同。欧洲山林的荒僻是征服自然的层面上的，而韩国是由于对树木的最小的需求量引起的荒僻。开化期时，日本及诸多西方列强国家毫无例外都对韩半岛郁郁葱葱的原始森林流口水。

欧洲很早就使自然变成荒地，也很早就感觉到保护自然的必要性，使自然复活到今天这样丰裕的状态。与之相比，韩国对自然的征服开发比西方要晚些，近100多年以来对自然的破坏行为活跃，所以只能面临自然环境贫困的时代。

韩国人的"云雾"前置词

我曾在广阔半沙漠的绿洲上建成的波斯古都伊斯法罕向当地的居民问路。我的话音刚落,那个伊朗人马上走到我背后,双手放在我的肩膀上把我的肩膀一扭,说:"朝这个方向走就可以了。"他耸耸肩朝我笑了笑。那时候我还以为是因为和外国人之间有语言障碍,他才这么给我指路的呢。结果沿着丝绸之路旅行才发现生活在沙漠的人指路的方法就是那么形象、那么清楚。

比起暧昧的话语,肉体上直接扭转方向这个具体的方法很方便。可是荒唐的是,他们所指的路大部分是不对的。我问路的时候从来没有一个人说自己不太清楚。即使他们不知道,他们也会去问别人然后再告诉我,可是要说准确度的话,一点也不准确。

准确度低,我想或许是因为我问的路他们自己也不知道,可是出于某种又不能不告诉我的性格使然,所以即使不正确也不能不告诉。不仅是沙漠民族，向德国人问路的时候他们也是用同样的方法来告诉你，就像"向德国人问路的傻瓜"——这条俗语说的，问路的结果也极不准确。这或许也是因为不允许不知道的性格吧。

如果是韩国人，不知道或者不很清楚，或者知道个大概、不确信的时候也会毫无例外地说："我也不太清楚。"韩国人即使对一条路了如指掌也尽量避免使用断定的表达方式，而是说"我觉得好像走这条路就可以了吧"。

不仅仅是问路，对于所有的东西或者事情，韩国人即使知道也尽量回答得暧昧，或者像不知道似的放烟雾弹，因而"云雾"前置词非常发达。"我不是很清楚，但是我觉得……"、"也许是错的，但是我想……"、"我不是很确信，但是……"、"不一定是这样，但是我觉得……"、"我觉得不一定是对的，但是……"等等。

自己的意见、主张、希望等所有的东西都像树林中的迷雾一样模糊。韩国人像这样说自己不知道或者说不是很清楚比说自己清楚在心理上更有安定感，可以温柔地平息断定带来的不安和不和。

可是生活在沙漠里的人或者受沙漠文化圈影响的人不能容忍不知道或者不清楚的事情，他们对此有着某种潜意识。韩国人把对事物、事理、人际关系等所有东西都形成暧昧的灰色缓冲带的文化圈的思考方式叫作青山式的思考；反过来把形成黑白分明的断定的文化圈的思考方式叫作非青山式的思考。也可以说前者是森林式的思考，后者是沙漠式的思考。

韩国人的思考方式属于青山式的思考，欧洲人的思考方式属于非青山式的思考。虽然以德国为首的西方各国的风土不是非青山式的,可是他们的意识结构或者行动方式深受基督教的影响。基督教是以犹太教为母胎的,因为犹太教是纯粹以沙漠式的思考和行动为母胎的,所以欧洲人的意识结构有着浓厚的非青山式的倾向。

青山里树木繁茂,繁茂的树木下有灌木,灌木下有青苔,进入青山之中,白昼也变得像朦胧的月光一样昏暗。视野被阻挡,湿气萦绕,雾气使形象的边角变得模糊不清。那其中分不清哪些是具体的,哪些是虚构的,哪些是鲜明的。

那些被幽幻包围着、拒绝方正的棱角,拒绝明确、鲜明、正确的东西,拒绝逻辑、合理的青山空间。换言之,韩国式的自然使韩国人的思考变得模糊。与之相比,沙漠是没有什么遮拦的广大无边的世界,大气干燥、没有云雾和露珠,只有鲜明的真实的存在。

时间和空间不会变短或变窄,它们冷静地存在着。生活在这里的人们能够有逻辑地、合理地区分冷酷的时间和空间,他们不这样做就无法生活。这非青山式的空间,即沙漠式的自然使欧洲人的思考变得鲜明、合理、有逻辑性。我们也可以从韩国人的自然观,即以青山式的思考为基础的这一点上去寻找它的特色。

东西方的时间感觉

西方人对同一天的不同时间段赋予了不同的意义。比如美国人认为正在睡觉的凌晨、早上在洗手间刮胡子的时候或者吃早饭的时候打来的电话一定是非常重要的或者表示有紧急情况的电话,所以听到电话铃响全家人都会觉得很紧张。如果不是什么重要的事,惯例是要先跟对方做充分的解释让对方听明白为什么要这么早打电话。

我有一次在上班之前接到一个在韩国研究历史的美国学生打来的电话。他不像美国人那样简要地说明有什么事情,而是极力解释自己为什么非得这么早打电话过来。

"如果我不这么失礼的话,我就没法不违反递交论文的截止日期……因为这是对我的学术研究非常重要的事,所以我才鼓起勇气给您打这个电话,我觉得非常抱歉……"他罗列了一大堆莫名其妙的话。我的书房里有他写论文时需要参考的文献,他是想拜托我一定要在上班的时候带给他。

就这么点事情,他说的话听起来反而有些让人接受不了的原因是韩国人互相在早上或者凌晨打电话已经是习以为常的事了。不仅是早上，晚上10点、11点钟以后的电话也是如此。如果是性命攸关的大事，即使是睡觉时打电话也没问题。

因为这种对某个时间段本身赋予意义的时间观的差异，不同的文化圈之间会有冲击。美国的社会人类学者乔治曾经举了一个在南太平洋的岛上发生的实例。

在南太平洋的一个岛上经营工厂的白人厂长雇用了许多当地的居民。他不太懂得当地的社会结构和社会意识，所以经常引起当地居民的不满。因为他雇用了太多属于同一个特定身份团体的人，破坏了当地居民之间所保持的势均力衡。

当地居民要求美国厂长改正，但是美国厂长并不理会这一点。一天晚上，各派的酋长和长老聚集在一起商量怎样才能做到均衡雇佣，可是找不到什么好办法，于是得出了只能再去请求厂长的结论。所以他们就成群结队地到去厂长家敲大门，不幸的是那时已经过了半夜两点，他们不知道在那个时间叫醒美国人表示有非常紧急的事情。

白人厂长听不懂当地的语言，也不了解当地的习惯和文化，他认为半夜人们聚集是因为岛民的叛乱，所以没敢开门，直接给驻扎在当地的美国海军打电话求救。这个美国人根本不知道美国人和当地人对于一天中的某个时间段的认识是完全不同的。

韩国人对时间段的感觉也比西方人弱。虽然韩国人也认为半夜里打来的电话说明有紧急事件,而对于在凌晨或者傍晚的时间段就和美国人的看法不同了。韩国人认为这些时间段不怎么重要,反而觉得如果有什么事要当面拜托别人时,应该选择那个人在家的可能性比较高的清晨或者傍晚去拜访或者打电话。

像这样给不同的时间段赋予不同意义的文化和对其不做区分的文化引起习惯的不同。假如对美国女性提出当天晚上约会的申请,大部分女性会觉得不高兴。不是因为她们讨厌申请约会的人,而是因为预告时间太短了。在对时间段赋予意义的文化圈,人们拒绝他人左右自己的时间段。

所以如果需要或者打算和他人共用某一个时间段,就必须给他人充分的预告时间,让他人能够调整自己的时间段。美国人即使在举行晚宴三四天之前邀请客人,也要加上"预告时间迟了,请您见谅"这样的话。

英国人一般在一年前就会发出正式的晚宴邀请。像学术研讨会之类按照惯例要在一年多以前就先预约才合乎礼节。而在韩国,长的话也就在一个月之前、一般的话一个星期前才发出通知,这样的情况在国外是根本没有的,并且西方人认为在约定日期三四天之前取消约定也是很失礼的事。虽然约定的内容各不相同,但按照礼节,即使是私人约会至少也要在一个星期前取消约定。而在韩国允许就在快到约会时间的时候,说突然有急事去不了了就取消约会这样的事发生。在这一点上,欧美和韩国的时间风土有质的区别。

美国人类学家爱德华·霍尔把像这样的预告时间称为"lead time"。就比如美国人说的"片刻"是指 5 分钟之内、韩国人说的"片刻"是指10分钟之内、中东人说的"片刻"是指30分钟之内，"lead time"也随文化圈不同而有些差异。事实上中近东人所说的"明天"大多是指像雾一样不明确的将来。他们所说的1周之内完全就是属于将来领域的。

那是以前在尼泊尔喜马拉雅海拔5千米的高原上设置的基地里发生的事。

在离最近的一个高山族村落要走5天才能到达的雪原的僻壤，来了一个十几岁的尼瓦尔族少年。问他是谁，他说是帕桑的弟弟。帕桑是我们雇佣的负责传递信件的当地人，他步行往返于基地和尼泊尔国内飞机起飞着陆的叫作博卡拉的登山基地村之间，负责和韩国的通信，两地的距离要步行半个月。

我们问他为什么来，他说和帕桑约好了在这个基地见面取钱。我问他约在什么时候见面，他说是"第二天"。虽然是比"明天"有些时间余富的时间表达，我按照兄弟两个约定的地点和帕桑的旅程推算他们说"第二天"的时候应该是在大约3个星期前。即使"lead time"的时间表达再模糊，我想他们也会有自己的时间感觉的正确性吧。我就让他待在基地等帕桑来，而帕桑是在弟弟来了整整8天后才到的。

帕桑也没有迟到，弟弟也没有早来，也不是约定定错了，也不是不守约。只是因为在他们的时间观念里，未来的一天或者两天就像云雾一样茫然。

2

幸福与不幸只隔一张纸

反抗的赞美

法国是欧洲以家庭为中心的思想最强烈的国家。法国人拒绝约会的频度最高的理由就是"因为我得和家人一起吃饭……",因为这是最容易被接受的理由。如果在韩国用这样的理由拒绝约会的话,马上就失去做人的资格了。这样做会被人看作傻瓜、在社会上被人排斥。

即使随着地位的提升,社交活动越来越多,法国人仍然认为维持家庭的稳定是最知性的行为。可是在韩国一般都是地位越高越疏远家庭。某国会议员很自豪地说自己一个月里在家吃饭的次数不超过三次,在法国这可不是什么值得自豪的事。

而且法国人对子女教育的任务分配很明确。从教育学角度来看,法国的学校过于偏重知识教育的教育方法是有缺陷的,因为教育不仅仅是知识教育。可是这种缺陷一直存在的理由是法国家庭有着弥补这种缺陷的传统。也就是说,在学校只要教孩子正确的知识、培养思考的能力就可以了,行为和道德教育等由家庭负责。

所以他们的教育任务分配观念很明确:学校是 instruct 的地方,

家庭是 educate 的地方。

那是之前为了爬喜马拉雅山待在尼泊尔首都加德满都时发生的事。法国南部的第四大城市图卢兹的一个富裕的银行行长找到了离家出走、在尼泊尔过着乞丐生活的 20 岁的儿子。在美国这种人被称为嬉皮士，但是在法国叫"J3"。

我清清楚楚地听见父亲对嬉皮士儿子说："我不觉得你这么做不对。"我觉得很惊愕。如果是在韩国，人人都会对此表示蔑视、觉得出走行为卑劣，可是在法国并非如此。

在法国，这样的年轻人的叛逆心理不是什么大问题。法国的家庭教育不是教孩子顺从父母、听取父母的意见，他们也不希望孩子这样。他们认为听父母的话的孩子没有个性，这样的孩子没有前途。法国的家庭教育是让孩子有自己的主张，将其个性朝着成熟的方向培养。所以他们认为孩子排斥父母的意见是理所当然的，父母也不会对此进行斥责，而是以表示理解的态度观望。他们也会劝说孩子，但却不用权威去压制孩子。

我看过一部法国的战后时代以 J3 为主题的知名的电影《危险的胡同》，影片中有这样的场面：女主人公为了得到汽车而卖身。因为这事，她的哥哥来找她，并且和蔼地劝她。如果是韩国的哥哥肯定会把她关起来狠狠地打，而法国的哥哥只是安静温柔地劝说。如果这样劝也不听,哥哥就会离开。法国的家庭教育保障了自由的、个性的自我形成。

贫穷是结果主义的必然

韩国人缺乏往远看的远见。对于韩国人的这种倾向,有很多复杂的成因,首先可以举的理由就是韩国的风土没有持续性,这是慢性结果主义的病因。

欧洲大陆的气候风土柔顺,气候的变化微乎其微、持续而有规律。只要掌握了自然变化的法则,人们就可以随意支配自然。与之相反,韩国的风土虽然比欧洲丰富,但是严寒和酷暑交替,强降雨和干旱交织,洪水冲走庄稼,泥石流覆盖农田,一年间耕耘的田地往往瞬间就被台风毁坏。

韩国的一年四季时时刻刻都在发生变化。因为韩国处于季风气候区内,不仅风雨多,细菌也很活跃。好好的东西只是过了半天就会腐烂消失;昨天晚上还什么都没有呢,第二天就长出了杂草和蘑菇。随着岁月流逝,铁也会上锈消失,石头也会被风雨洗刷得支离破碎。

变化的东西意味着不具有永久性,所以会腐烂、消失……对于有着这种想法的人来说,未来意识,即远瞻意识不可能发芽。一定要赶在发生变化之前做点什么,因为等到明天就迟了。

因此韩国人总是忙碌着,总是被"变化之前要……"、"变质以前要……"这样的强迫观念逼得很紧,总是被那种"只有我一个人要赶不上末班车了"的焦躁感所困扰。韩国人觉得不管明天怎么样,先把今天的事做完再说。

在韩国,取代了欧洲那样的过程主义或合理主义的是把持续的时间切分成很多段,想用这切分成小段的时间尽快取得结果的结果主义和在霸道的众多神灵前下跪祈祷的不合理主义。我想出于这样没有持续性的风土和地理位置的原因,连政治和文化也变得无常、没有持续性,结果主义的病症也因此加重。

其次是由于地理位置的原因。我们可以提到这一点:有史以来,自生文化结出果实之前,周边的外来文化就先结出果实。文化像水一样,自然而然是从优秀的文化圈流向劣性的文化圈。韩国文化圈周围就有强大的中国文化圈,加之韩国在政治上也不可能摆脱受中国支配的局面,在这种条件下,没有奠定自生文化的基础。

韩国人总是直接摘取外来文化之花或者果实的习性也是自生文化匮乏引起的必然。一脱离中国文化圈,优质的西欧文化潮流马上像惊涛骇浪一样涌来。正如祖先从中国文化中摘来眼前的果实一样,韩国人现在也只是在摘取西方文化的果实。

如果韩国无论是从文化上还是从政治上不受周边国家影响的历史时期能再长一点的话,情况应该和现在大不一样了。即使要多花费一些时间,比起羊肠小路,韩国人也许会拥有摸索出稳健的道路的智慧呢。

促使结果主义加速的另一个主要原因是战争。战争破坏了一切,有形的、无形的。在废墟之上韩国人只能靠结果主义生活。经历了过程,才发现自己是落伍的、被疏远的、落后的。

假定因为战争房子被烧毁了、老婆孩子在街上徘徊,作为一家之主只能马上找房子。能搞个百年计划、靠滴水不漏的过程主义盖房子吗?

韩国人哪儿有工夫这座山那座山的晃悠,左青龙怎样、右白虎如何地算计风水,为了把地基打好而花三四个月搞过程主义呢?经历这个过程的时候老婆孩子早就在外面冻死了。因此韩国人觉得哪怕是草垫子也好,先捡回来挡挡风雨才是上策。韩国人选择盖茅草屋就是结果主义。

如果没有粮食、老婆孩子饿了三四天了,出去弄吃的的时候会考虑哪种食物有多少卡路里、有没有脂肪,会有考虑这些过程主义的闲暇吗?当场就得翻垃圾桶,哪怕是腐烂的土豆也得捡来吃。那腐烂的土豆就是结果主义。像这样,在战争的灰堆上只有结果主义才能活下去。

在历史上,韩国在十年之内经历了两番巨大的战争——第二次世界大战和南北战争。为了从这接二连三的战争的废墟中生存下来,韩国人不得不选择结果主义。靠结果主义生活到今天,结果意识就刻到骨子里了。

即使说今天韩国社会存在的所有负面因素皆为结果主义所导致的也不为过。

为了不经过正常的程序就获得职位、权利或学位就滥用钱和背景，这些都已经是常识了，它们是结果主义导致的；不能按次序等待、夹心而使社会秩序紊乱是结果主义导致的；公司或者制造业只是外表光鲜、实质粗糙而引起内部结构出问题或信用急剧下降也是结果主义导致的。

只注重眼前的利益，不考虑长远的经营策略、经济政策等结果主义的长处是很快就能得到结果的长处，而短处是得到的结果只是一次性的而已；过程主义的短处是需要费时费力摸索着得到，而长处是一旦得到了就能永远拥有。

如果说今天的韩国企业处于兴亡攸关的十字路口，可以说我们到了应该考虑是把经营哲学从结果主义转向过程主义，还是把结果主义继续进行下去的时候了。

山茶花变红的理由

韩国大众歌谣的歌词中使用频率最高的普通名词是"眼泪",最常用的动词是"哭泣",最常用的形容词是"想念"、"悲伤"、"孤独",最常用的副词是"干脆"、"反正"等,表示不幸的词汇出现的频率最高。

对韩国人来说,幸福的概念不明确,韩国人和幸福这个词的缘分很浅,而韩国语中表达不幸和逆境的词汇十分丰富。所以韩国的大众歌谣中很难找到吟唱幸福的情感或状态的歌曲,几乎都是吟唱不幸的状态。

比如华兹华斯①歌颂的水仙花是幸福的象征:他吟唱水仙花给他的心带来光明、照耀了他孤独无助的心、给他带来幸福。他满心的快乐沸腾起来,一簇簇美丽的水仙花随着这欢喜翩翩起舞。

可是韩国的山茶花是悲剧或不幸的象征。因思念而疲惫不堪,哭到筋疲力尽,所以山茶的叶子都变

---

① 华兹华斯(1770—1850),英国诗人。

红了。韩国人认为那红色的美也是因不幸而形成的。或许正因如此，我们韩国的文化才叫作"恨的文化"。

不仅是在情绪世界，在现实世界、心理世界也是如此。我们已经熟悉了这种不幸，所以可以说韩国人的苦闷是：与其说怎么能创造幸福，不如说怎么承受不幸、忍耐不幸。韩国人幸福观的特征可以说就是不幸忍从论。

韩国人遭遇不幸的时候，认为强忍着是最贤明的解决方法。受压抑、被蔑视也靠忍耐来减少不幸。韩国人认为不顾一切地忍受占支配地位的道德体制、家庭体制是最高的美德，这种"忍从的价值观"正好迎合了忍受不幸的心理。

大众教化的先驱者金安国在中宗 13 年（1518 年）任庆尚道观察使的时候，为了教化百姓而编撰的《正俗谚解》中有如下的段落。

"即使它的开始是微不足道的，不能忍之则祸患无穷。比如，星星之火可以燎原，细丝般的溪水可以流淌到天上。人如果从开始就忍耐，随着岁月流逝，心就会变得明朗。子曰：'小不忍则乱大谋。'"

他教育百姓愤怒也忍、凌辱也忍、痛苦也忍、贫穷和不幸也要忍。可是金安国对于忍了之后要得到内心的快乐需要怎么做却没有提及，只是认为不由分说地忍就对了。除此之外，教育人们忍耐不幸、礼赞不幸、为不幸辩护而追求消极的幸福的教诲还有很多。

孟子曰："人之有德慧术知者，恒存乎疢疾。独孤臣孽子，其操心也危，其虑患也深，故达。"（《孟子·尽心上》）"吃得苦中苦，方为人上人"的教诲和"攻苦食啖"（《史记·叔孙通传》）是获得福气的捷径的教诲等，是韩国的祖先熟悉不幸并接受不幸的征兆。

东方人含糊的契约观

我曾经读过《商务律师》(The Business Lawyer)期刊中,文森特·纳尔奇西写的关于东方人的契约观的文章。这篇文章是以给服务对象为东方人的美国律师的忠告的形式写的,文中很好地对比了韩国人和美国人的契约观。

这篇文章是以供给合同的实例开始的。

A、B两公司签署合同,A公司每月从B公司购买一定数量的零件用来制造自己公司的产品出售。可是B公司工厂发生了不可预见的事故,导致无法向A公司提供零件,工厂进行维修也需要大量资金。幸运的是A公司也发生了变化,与签约当时不同,不再需要B公司的零件了。

处理这样的情况时,如果是美国人就简单明了了。因为有合同在,即使赚不到钱,B公司也应该紧急维修工厂并按照之前约定的价格提供规定数量的零件。如果B公司不遵守合同或者供货时间延迟，A公司一定会毫不犹豫地提出诉讼，请求赔偿因此带来的利润损失。双方都要履行合同所规定的权利和义务。

可是韩国人和日本人遇到这种情况会怎么做呢？

工厂停止运转的B公司会认为A公司不会像合同规定的那样一定要求供货，因为他们不需要那些零件了，可能对方还希望我们停止供货呢。所以B公司希望A公司不要硬强调合同或者道理，要根据实情采取适当的态度重新签约。另一方面，在这种情况下，如果A公司强烈要求B公司履行合同的话，会被认为是没有人情味儿而受到指责。所以两公司的交涉不会被合同条款所约束，会以A公司的实际需要和B公司的实际供应能力为根据，在不影响双方关系的前提下，朝妥协的方向进行对话。

如果A公司需要B公司的零件的话，B公司会投入资金维修工厂。在这种情况下，A公司也会出一部分资金。这是在美国根本无法想象的事。

在西方国家契约就是契约，有再大的困难也得遵守。相比之下，韩国的契约与其说是契约，不如说不过是一般的活动指南，不遵守也没关系。韩国人认为存在可变性是理所当然的。即，对韩国人来说，韩国人认为不受对方或者第三方的辱骂、保持人情味比履行合同更重要。一定要按照契约进行的话，会听到"这个人又没有血又没有泪"这样的评价，这不仅会对以后的生意有影响，连在别人心中的形象都会大打折扣。

除了举这样的实例，文森特纳尔奇西还列举了以下几个和东方人签合同时需要注意的事项。

① 如果说东方人在签约的时候有什么想尽量回避的事项，那不是因为该事项不重要，而是因为该事项很重要，所以想不签约，想进行人性化的妥协。

② 在美国签合同时负责人会出席，在进行激烈的讨论后达成共识，然后命令手下人执行；而在东方交涉都结束以后，在盖章之前，仍需要一些时间和步骤。原因是参与交涉的人不是负责人，而是下属，他必须回到公司获得全体相关成员的认可才行。

③ 在美国的契约交涉是以"尽量多规定，尽量少让步"的态度进行的。与之相反，在东方要根据情况看是否需要和对方走得更近、以后是否需要继续交易，要判断对方可以信任到什么程度等。露骨地计较利害关系的美国式的讨价还价让人觉得贪婪、不愿意妥协。

④ 东方人拒绝的时候不像美国人似的说"No"，而是先说"Yes"，然后再说"But……"提出异议，所以东方人的肯定是签约上需要特别小心的陷阱之一。

怎能仅仅向前看10年

美国人类学家爱德华·霍尔将在阿富汗看到的事记录如下。

"几年前,在阿富汗的首都喀布尔,有一个小伙子在找哥哥。他向巴扎日市场的商人一个一个地询问有没有看到自己的哥哥,跟他们说如果哥哥来找自己的话就请告诉他自己现在住的地方。他一面走一面嘱咐这些商人,可是第二年我去的时候看到那个小伙子还在做同样的事情。

美国大使馆的职员问他他们定在什么时候见面,他说只是约定在喀布尔见面。哪一年、什么时候、在哪儿见面都没有说。"

每个文化圈对未来时间的感觉都有差别。询问阿拉伯人未来的事就等于侮辱他们的唯一神安拉,会引起他们的愤怒,所以和他们签合同的时候不允许考虑任何关于未来的灾变。另外,即使发生了因为非人为的原因而导致的违反合同的事,他们也多数倾向于回避责任,因为签约当时灾变还属于未来的事。

如果你询问尼罗河流域的农民今年预想有多少收成,他们一定会以愤怒的表情回答你。因此聪明的翻译是不会照实翻译的,他会在中间把你的问句换成其他化解愤怒的话。如果照实翻译的话没准儿会招来一顿暴打呢。

因为阿拉伯人认为只有安拉才知道未来的事，所以询问未来的事就是侵犯了神的领域。侵犯神的领域是亵渎安拉的行为，亵渎安拉的行为是像侮辱妻子一样不可忍受的事。

像这样，对于阿拉伯人来说未来的时间是断绝的。韩国人对未来的时间感觉与中东的人相比灵敏一些，但是比西方人的感觉迟钝。明天、后天、大后天、直到大大后天是明确的未来的时间，而之后的时间界限就逐渐模糊了。

语言表达上说 5 天后或者 8 天后，不是指固定的 5 天后或者 8 天后，而是有更广的时间幅度，指 5 天左右或者 8 天左右。韩国人表示未来时间的时候，使用"明后天"、"3、4 天后"、"5、6 天后"等复合的表达方式也是因为拒绝未来时间的准确性。

韩国人之间说"一个星期后见面"、"半个月后再见"这类的话不一定就是指 7 天或者 15 天，只不过是表示不久以后见面的意思。"以后有机会再见啊。"这样说和以后不会见面了是一样的意思。"一个星期后"、"半个月后"这种有明确时间词的话虽然说是要见面，但是没有一定得见面的约束力，这是模糊的时间观的表现。

最近有分十年或者二十年偿还资金或者住宅贷

款的现象,这是引进了美国式的时间观形成的。美国买东西的时候有很多分成十年、二十年分期付款的现象,韩国的话,长一点的偿还期最多也就一年。虽然这和时局以及经济不稳定也有关系,韩国人对未来的时间观念也是众多的原因之一。韩国人不会为了十年或者二十年之后的更大利益而放弃眼前的小利益也是这样的时间观导致的。

"即使去看最美的山水也要等先吃了饭再看"、"因为明天亲家来,今天就开始饿着肚子的傻瓜"、"还没怀孩子就开始捻金线了"、"雨中筑坝的家伙"……像这样反映韩国人的意识结构、认为为了未来而现在做出牺牲没有什么意义的俗语或者寓言很多。"灯下黑"这个俗语也是讽刺对现在等闲视之、只关心未来是多么愚蠢的事的俗语。

俗话说"十年大计",仅仅向前看十年就称之为大计的原因也暗示了韩国人对未来时间的局限性。

洪氏的接吻冲击

听说韩日合邦的消息而自杀的黄玹的遗著《梅泉野录》中,有关于大院君的嗣孙李址镕的妻子洪氏的文章。洪氏经常跟随李址镕去日本,所以似乎是当时站在最前沿的新女性了。

当时的韩国夫人外出时都是长纱遮面,她却穿着合身的西装、说着英语、牵着丈夫的手走路,露面吸卷烟,她突破传统的服饰和举动备受关注。而洪氏让韩国人最受冲击的举动,是她和当时在韩国工作的萩原守一、国分象太郎等日本高官、还有日军司令官长谷川清的关系很密切,和他们见面时总是握手、接吻。

虽然韩国人对此感到震惊的一个原因是对象是侵吞韩国的侵略者引起了反感,但即使考虑到这反感的因素,按照韩国传统的妇道来说,握手和接吻不能不算是让人吃惊的事。

对强权不能公开反抗的时候,民间有把这种怨恨用歌曲的形式表现出来以产生共鸣的习俗,叫作谶谣反抗。对于洪氏的接吻,暗中也有名为《嚼舌歌》的谶谣广为流传,以表示对这个陌生外来风俗的抵抗。

像握手和接吻这样的肉体接触行为,韩国人非常难以接受的原因不仅是因为这是洋夷的风俗,也是因为这是与韩国人的空间观本身相悖的举动。

看果戈理的小说,男人相互拥抱着大声接吻场面的描写让人印象深刻,犹太男人也互相拥抱接吻,阿拉伯男人也把身体紧靠在一起当作表示亲密感的肢体语言。阿富汗等中亚民族亲戚朋友见面就像几十年没见面的韩国父子重逢一样夸张地拥抱、左右脸颊各吻几次。

在欧洲男人和男人之间是不接吻的,但男女之间在公共场合自然地接吻。都市市民不允许男子互相接吻,所以美国男人也不互相接吻,可是即使对方是别人的夫人,作为亲密感的表示,男人和女人之间也经常自然地接吻。

因为他们所拥有的空间观是可以将人与人之间的个体空间压缩为零的,所以才可能有这样的事发生。可是韩国人之间不论关系多么密切,也不可能将个体与个体接触的空间变成零。

韩国人的祖先和亲戚朋友见面的时候相隔大约1.2米的距离作揖。作揖是韩国人传统的问候方式:双手抱拳举至面前,恭敬地向前弯腰,起身的同时放下手臂的动作。

无论是和多么想念的人邂逅,即使两脚穿反了鞋子跑出去,到达和那个人之间形成的某种空间界限的话,就好像物理上被隔断了一样只能停下脚步、躬身作揖。那个空间就好像空气压缩到了极限一样无法再接近了。换言之,西方人或者阿拉伯人、中亚人的个体空间是可以相互侵犯的低密度空间,而韩国人的个体空间是不能相互侵犯的高密度空间。

自从韩末洪氏的接吻冲击以来,随着时间的流逝,这期间西方文明的大量涌入,可是在机场这样的地方至今极少看到送别或者迎接时接吻的场面。美国的侨胞二代、三代和美国人是相互拥抱接吻的,但他们和自己的同胞在公共场合是不接吻的。他们完全不了解韩国的风俗和传统、也不懂韩国语,可是他们遗传了韩国人所具有的空间感觉。

美国的文化人类学家爱德华·霍尔在他的著作 The Hidden Dimension 中将个体之间有一定距离的动物或人的隔离现象用"空间关系学"(proxemics)这个新词进行了概念化。如果硬要翻译成韩国语的话就是"空间距离"的意思。

即,所有同种动物的个体之间都有一定的空间距离。比如在电线上像乐谱上的音符一般栖息着的鸟或者燕子群,它们之间的间隔差不多是等间距的。每一个个体的周围都自动占有一定的空间,其他个体不会接近这个空间。

社会学家苏玛将一定的占有空间命名为携带空间(portable space)或个体空间(personal space)。

个体享有的空间可以分为三个领域:第一领域是以皮肤为界的肉体占有空间,即"我"。与"我"的皮肤界限最邻近的空间是第二领域,宽约一二米。这个领域就是随着我的移动而移动的携带空间。第三领域是在携带空间之外的空间，比如我每天居住的家、工作的场所等熟悉的空间常常留下我的影子。

人与人见面的时候间隔多大的距离最合适呢？对于这个问题，不同的民族或文化圈有着不同的答案。也就是说第二领域的携带空间的半径受文化因素的支配。

伊斯兰教文化圈或者拉丁文化圈的人们的携带空间半径非常短，只有 30 厘米到 50 厘米不等。所以看到他们站在路边对话，会产生他们几乎贴在一起的错觉。欧洲人或者美国人的携带空间半径也比韩国人的短。国际会议时，看到西方人相互交谈时靠得很近，韩国人会觉得不高兴，认为他们在说什么隐秘的悄悄话，或者背着别人策划什么阴谋。可是对于韩国人来说，那看似隐秘的私语大多数情况下只不过是一般的日常对话而已，因为西方人携带空间的半径短。

爱德华·霍尔在著作 Silent Language 里对携带空间进行了如下的描述。

"初次见面的外国人之间对话的时候，调查他们之间的标准距离，结果发现空间的易学非常重要。假如甲过于接近的话，乙会对此自动做出向后退的反应。我曾看到有个美国人和外国人站着说话，结果一边说一边往后退，退到了很长的走廊的尽头。"

这说明他们之间发生了携带空间的文化冲击现象。携带空间半径短的甲要和乙走得更近说话才会觉得心里安定；而对于携带空间半径长的乙来说，甲的接近属于一种空间侵犯。乙为了将甲赶到携带空间之外而向后退。这个恶性循环反复进行，无意识中就一边对话一边退到了走廊的尽头。

爱德华·霍尔的试验表明,美国人和他人对话时感觉舒适的距离是 21 英寸(约为 55 厘米)。他将美国人的个体空间根据情况分成如下八类：

① 谈论绝密的事情时 3—6 英寸
② 谈论重要的秘密时 8—12 英寸
③ 谈论只有两个人知道的事情时 12—20 英寸
④ 谈论私人事情时 20—36 英寸
⑤ 传达非私人事情时 4 英尺半－5 英尺
⑥ 在公众场合传达时 5 英尺半－8 英尺
⑦ 向听众讲话时 8 英尺—20 英尺
⑧ 在远处喊人的时候 20 英尺—24 英尺(室内)、20 英尺—100 英尺(室外)

在美国买东西时顾客和店主的平均距离不超过 2.5 英尺到 3 英尺(约为 75 厘米)。可是在韩国买东西时,男人在女职员面前 75 厘米的地方砍价的话就不是商量购物了,而会被误认为是在商量感情问题。

对于美国人在办公室的携带空间,有这样的实验结果：部下向上司汇报公司事务时,如果离开办公桌的距离超过 2 英尺,汇报的效率会下降。而在韩国距离上司三步左右的距离是最理想的。一步大约是六七十厘米,所以三步就是 2 米左右的距离。

人需要多大的空间？

有一种现象叫作 cocooning（茧缚），这是喀喇汗在他的论文《人口密度和社会病理学》中提出的概念，指的是个体占据的空间越小，个体间的相互作用就越钝化，人就变得不喜欢动弹、失去活力、越来越喜欢待着的现象。

他通过实验发现：在一定的空间内饲养老鼠，随着老鼠繁殖数量激增，会出现一些病理现象。母老鼠逐渐不怀孕，即使产仔也对养育幼仔不感兴趣。不仅如此，老鼠就像吃了药似的失去活力，只是苟延残喘。他发现这种现象和老鼠的密度是成比例的。

在狭小的密封空间里，人也会发生茧缚现象，奥特曼和 W·黑桑用实验证明了这一点。实验对象是 36 名美国水兵志愿者，这 36 人被平均分为 18 组、每两人一组，实验人员又将这 18 组一分为二，其中的 9 组连续在狭小的房间内生活，另外 9 组作为对比组可以外出活动。

所谓的小房间是在海军基地内准备的 9 平方米的空间。屋内只有两张床、洗手池、抽水马桶、桌子和两把椅子。娱乐设施也只有扑克牌和象棋,没有信件、报纸、收音机和时钟。定时供应餐饮,可以自由利用时间,但是不能外出。比较组的房间的大小和设施与实验组的完全相同,只是可以自由出入这一点不同。

研究人员每隔20分钟观察一次他们的生活,连续10天对两个组进行比较,结果发现了几点引人注目的事实:

首先,实验组的两个人有着各自明确的个人空间和活动空间。我的床、我的椅子都是固定的,完全不会出现坐在别人椅子上的空间侵犯现象,谁坐在桌子的哪边也是约定俗成的。换句话说个人的领域设定是明确的。而比较组的话,床虽然是固定的,但椅子和坐在桌子旁边的位置是不固定的,活动空间的界限也很模糊。

第二,实验组的活动日益减少。他们到第三天还在一起打扑克、下象棋,而之后就不做集体活动了。几乎每天只是躺在床上,像吃了药的老鼠一样只是喘气。

老鼠和人虽然没法比较,但可以发现在高密度空间生活的老鼠和在高密度空间生活的人出现了同样的病理现象。空间越狭小,里面生活的个体就越区分占有空间,防御性也就越强。因为处在防御空间之内,所以对其他个体没有兴趣。尤其是在公用空间缺乏的情况下,个体会待在自己的空间里与其他个体断绝关系。事实上想一想近年来人口密集的城市空间,可以说所有的人都或多或少有些茧缚现象,只是病得重还是轻的差异罢了。

那是几年前,我登上郁陵岛的圣人峰之后徒步环岛旅行时发生的事。我路过一个叫作黄土九味村的地方的时候,在路上遇见一个村里人,当然我们之间并不相识。可是他看看我,笑着对我说:"你弄错了时间才来得这么早吧,运动会后天才开呢……"在这个村子,一年中最大的活动就是小学校的运动会了,所以一到开运动会的时候,外地的陌生人就会来,这成了惯例。

对于擦肩而过的一个行人这样主动搭话让人觉得充满人情味,又有些不习惯。想想乡下人淳朴、有人情味、不敌视陌生人的那些共性,这又算得了什么。可是无论乡下还是城市都是人生活的地方,不能说生活在城市里的人就没有人情味、就不淳朴,为什么在乡下能有这样有人情味的行动,而在城市里就没有呢?好像得从更深的层面寻找原因。

在乡间小路遇到过往的行人就互报姓名,成为朋友;路过插秧的田埂,干活的农民会拽着你让你和他一起吃完饭再走;天要黑的时候,随便走进哪家到厢房坐坐,他们一定会让你吃了饭再走。在乡下能存在这么有人情味的行为,是因为乡下人把他人当作人看,田园环绕的乡下因为占有空间大,就发生了与茧缚现象相反的现象。

与之相比,在都市的高密度空间里,因为茧缚现象和他人的关系断绝,所以将他人看作物体,也就是说认为他人的人性蒸发了。所以都市的茧缚现象,就是他人的物化现象。

在满员的公交车或者地铁里,乘客都无一例外地做自己的事。比如看报纸或者打瞌睡,或者望着窗外的广告发呆,连这样的个人行为也不做的人就耷拉着眼皮喘气。因为这是只有把他人看成一个个物品、忽视他人、对别人不感兴趣才能够忍受的空间。

有人调查了一下大人物的艺术照挂在墙上时，人们会隔多远的距离欣赏照片，结果是比起睁着眼睛的人物照片，人们在欣赏闭着眼睛的人物照片时离作品的距离要近很多。

虽然是照片，人们也会注意到他人的视线而避免与之接近。而闭上眼睛视线消失时，人们从侵犯了他人的个体空间的不安中解放出来。在满员的地铁或者公交车内闭眼睛或者把视线投向毫不相干的地方是生活在高密度空间内的人的智慧，这种智慧就是使他人物化的茧缚现象。

有时在火车或者公交车上，偶然坐在旁边座位上的乡下老人会问你"姓什么啊？""祖籍是哪儿的啊？""在家排行老几啊？""老家在哪儿啊？"这样的问题。这种行为就是没有得茧缚病的乡下人不论用什么方法也要和周围的陌生人建立起人际关系的一种探索。可是大部分的城市人会对这种探索感到反感或者觉得是时代差异导致的可笑的行为，他们会板着脸装作没听见。这可能就是把他人看作人的生活在广阔的田园空间的人，和把他人看作物体的生活在密集的都市中的人之间的矛盾吧。

茧缚现象是现代都市社会的通病，可是不同的民族和文化圈对这种现象的忍耐力不同,这是值得注意的事实。

与西方人相比,韩国人对密集空间的忍耐力比较强。韩国人走路的时候擦碰到别人的身体,如果是偶然的情况就装作不知道似的走开了。可是西方人认为不论是过失还是偶然,反正只要是接触到身体了就一定要道歉才能离开。

即使没有发生接触,在接触前的那一刻就停住了,也要道歉之后才能走。我们经常听说美国人在韩国感受到的不愉快的事情之一就是碰撞之后,如果不是故意的,韩国人就愣愣地看看对方,然后什么话也不说就一走了之,这种行为也是由于这个原因。

美国人类学家爱德华·霍尔比较了东方人和西方人对空间的感受。他在著作 *The Hidden Dimension* 中写道,西方人在混乱的场所会感觉不快,而东方人会感觉快乐。

换言之,比起自己一个人睡觉,东方人更喜欢和别人聚在一室睡觉。韩国人就喜欢像"川"字一样伸直腿、皮肤互相接触着和别人一起盖着一条被子睡觉。爱德华·霍尔举了东方像火炉一类能够聚集众人的引力家具发达的例子作证,其实不仅是火炉这样的引力家具,像火炕之类的住宅的引力结构也是助长密集化趋势的重要原因。

乡下每五天一次的集市与其说是我们的祖先交换生活必需品的场所,其意义不如说是为了满足人们经常聚集在密集空间的需求的借口。

如今度假地区不扩大、人们只是集中去几个地方的现象我想也和扎堆心理不无关系。开化期时游历韩国的美国传教士一致认为韩国的江山处处是疗养胜地,比国外更美。可是即便如此,所有的江山都是空荡荡的,人们只往屈指可数的几个地方聚集,形成度假地狱,并在这样的地狱中感到自我满足。

韩国在学问上没有
重大业绩的原因

人们常常就韩国没有学问上的重大理论发现这一点和西方相比较。韩国做学问的历史很短,这是一个原因。我想另一个原因是不是因为韩国没有能够诞生重大理论或者重大发现的思想风土呢？就是所谓的青山式的思考。生活在山间或者树林里的人的视角是复杂的世界的一角,生活在其中的人对于这一角十分了解,但是对于山林之外的世界一无所知。

与之相反,沙漠里的人的生活空间是广大的。他们不仅想了解现在看得到的范围之内的事物的知识,也想了解现在虽然看不到,但将来会出现的空间的知识。比如,现在不知道某个绿洲会不会有水,那么只能在两种方法中选择其一：认为有水而采取行动,或者认为没有水而采取行动。即,沙漠式的思考是从高处鸟瞰广阔的世界,这种宏观的方法可能诞生大理论和大发现,而青山式的思考是观察树林里的一点,虽然细致但不宏观。

几年前,我和几个美国人一起攀登雪岳山。9月初,秋老虎的阳光很烫人。我们爬上一个小山峰,刚刚开花的芦苇在风中摇曳,一行中的一个人自言自语地说:"啊,已经是秋天了啊。"旁边的一个美国人马上回应道:"你为什么说现在是秋天呢?这么热足可以说明不是秋天。你看咱们不都出了一身汗吗?"

韩国人看到"芦苇"这个大自然中的小元素开花,就以它代表全体,判断说是秋天,这是微观的思考。

可是与一叶知秋的韩国人不同,西方人会考虑那落叶是不是因为被虫子嗑了或者树生病了才掉下来的,要不就是因为煤烟的污染枯萎了掉下来的。他们会首先考虑叶子的个别的原因。看待自然,西方人是写实主义,是从总体上看的,是宏观的;而韩国人是印象主义,是从局部上看的,用局部代表全体。

韩国人手巧、精细、有做匠人的天赋;西方人虽然手笨,但是善于发现大理论、大原则。这种差异大概就是由青山式的微观和沙漠式的宏观所产生的差异。

自然和人类同化、和人类的界限暧昧,通过这种暧昧的缓冲层进行交流。如果说韩国人的自然观是对自然的一部分的微观,那么西方人的自然观就是人与自然的对决、和自然的鲜明区分,还有对自然的宏观综合。

韩国人和自然的密切关系

对韩国人来说,故乡无一例外都是鲜花盛开的山谷,在山的那一边。没有山的联想,就无法感知故乡的形象。韩国人对故乡的感觉就是从和大自然的结合之处生发出来的。

韩国的住宅或者建筑和欧洲的或者中国的,还有沙漠国家的相比,之所以很粗陋、规模也不像样的原因,是因为韩国人在盆地这个大家园里和自然共同生活。他们喜欢这样生活,因此拒绝建造隔断自然气息的大规模的房子。对于在盆地这个巨大的自然家园生活的韩国人来说,家不是建筑物,而是像穿在内衣外面的外衣一样的存在。

日出而作、日落而归,过着农耕生活的韩国人一般在自然之中的田野里吃早餐和午餐,待在家的时间就是吃晚饭和睡觉的时间。即一天中物理时间的四分之三、有效时间的十分之九是在家之外的自然中度过的。韩国的住宅的意义,不过是在睡眠的生理期间挡风遮雨的假建筑。所以只要有进屋能躺下的空间就足够了,不必太大,也不必装饰。

从文化人类学的侧面来看,韩国的茅舍是因为在盆地这个大自然的家园中长期居住而必须盖得小。实际上茅舍的房门小得要弯90度的腰才能出入。这不是因为韩国人不知道怎么制作可以方便地直立出入的门,也不是因为没有制作大门的材料,而是因为韩国人认为没有把门做大的必要。在常住的田野里睡觉时钻进去、睡醒了就钻出来,韩国人认为一天的使用频率只有一两次的门没有必要做得很大,而使之成为取暖的负面因素。

开化期时来到韩国的西方人,无一例外地将单薄的房屋作为证明韩国人贫困的证据,而那是一天中有效时间主要在家度过的西方人的误解。如果理解韩国人的生活状态,就会知道单薄的房屋和贫穷没有必然的联系。

韩国人和自然同化,生活在自然之中;西方人和自然断绝,主要生活在家里。韩国人不重视住的主要原因就是因为韩国人"生活和自然同化"的自然观。

韩国人与人之间的关系还不如人与自然的关系密切,所以韩国的居住结构没有中心聚居地;而西方的都市一定要以广场为中心,道路像放射线一样向四周扩展。人们在路的周围聚居,广场就是在城市生活的人们的人际关系场。

古希腊有个叫做阿哥拉的广场,各层各界的人士都聚集在那里议论事情。因为这个广场的存在,希腊成为民主主义的诞生地。所有的西方的城市都有中心广场,那里要么是公园或者纪念性建筑物,要么是教会或者市政府，反正无一例外都有核心结构。这从结构上证明了重视在同一聚落地区生活的人际关系的文化。

可是韩国的城市、地方或者农村都没有广场。在群山环抱的自然之中以和自然的外延关系为主，结果作为内延的人与人的关系就难免变得淡泊。也就是说因为自然的引力强盛，人与人之间的引力反而呈反比例地弱化了。

谈论韩国人的意识结构时经常说到韩国人缺少公众精神，这也和韩国人同自然的关系密切有很大关系。因为公众精神是重视生活在聚落结构中的人际关系而产生的意识。

夫妻之间

家庭是以夫妇为核心，由父母和子女构成的。家庭成员之间哪种关系属于核心关系？对于这个问题，不同的国家和民族有着不同的答案。家庭成员之间的不同核心关系引起育儿文化的差异。

比如美国人以夫妇为中心，法国人以家庭为中心，犹太人以父子为中心，而韩国人以母子为中心。美国社会学家布拉德和沃尔夫指出以下四点是以夫妇为中心的家庭的特征。

① 外出参加正式聚会时，夫妇同行。
② 夫妇交换各自生活领域的情报，充分熟知对方的信息。
③ 妻子在某种程度上分担丈夫的工作。
④ 夫妇把各自的朋友当作夫妻双方共同的朋友。

我国的家庭结构也逐渐成为以夫妇为核心的家庭结构，以上四点特征逐渐显露，但是离根深蒂固还有很长的距离。

对于①的情况，因男女性别不同，所属集团不同的传统倾向没有发生变化,因此夫妇共同出行或者共同出席受到抵制。

对于②的情况,男人做男人的事情、女人做女人的事情,这种性别分工的界线分明,侵犯工作领域是没分寸、不道德、违背社会观念的,所以对于对方所做的事没有交流。

对于③的情况,韩国的家庭里,"内助"的意思不是直接协助丈夫、分担丈夫的工作,而是作为妻子勤勤恳恳地做好自己分内的事、能让丈夫安心工作,是间接协助的意思。

对于④的情况,丈夫以办公场所为中心,有同性集团的朋友;女人以家庭为中心,也只是和同性集团的朋友进行交流。以夫妇为单位组成两性集团的朋友在一起交流是极其例外的事。

一刻钟主义

一个星期天，我呆在家里留心观察孩子们玩耍。我也不是故意这样做，只是偶然发现了一件吸引我的注意力的事：孩子们玩的时候有一定的断续性。

儿子说要去打棒球，他戴着手套、拿着棒子出去还不到30分钟就回来了。刨除去招呼其他小伙伴的时间和来回路上的时间，他玩了15分钟都不到。这小子回来以后就开始做模型，也是做了差不多15分钟，就用手拄着下巴趴着看起电视来了。他很好的展示出没有任何一个行动能持续15分钟以上的性格。

我有点看不下去了，但想起一位颇有名气的家庭教师。他受欢迎的秘诀是考虑到如今的孩子普遍没有韧性，就把要学习的内容分成15分钟或者30分钟为单位时间进行授课。以15分钟为单位的万花筒式的教育很适合当今的孩子，减少了他们的厌倦心理，诱发他们的兴趣。

这一刻钟主义的触媒可以以60年代的电视节目为例。韩国电视节目的编排以15分钟为单位，这是众所周知的事实。2个单位是

30分钟，4个单位就是1个小时。这样的单位像马赛克一样编织起来。看15分钟的新闻，然后看30分钟的电视剧。听着听着雪岳山下暴雪的新闻，突然就冒出来具凤书的喜剧，之后还有歌曲节目。

像这样，要有一刻钟主义的区分感觉和区分能力才能和电视接触，一到一刻钟电视画面就会出现完全不同的内容，人体内得有个能适应这种变化的生物钟。

可是一刻钟主义根深蒂固也是因为有韩国人不重视过程、执迷于结果、想尽快获得结果的意识结构作同谋。

有着一刻钟生物钟的韩国人读书时也无法逾越一刻钟的障碍，所以阅读大河小说①的读者越来越少也是极其正常的事。根据报纸读者调查显示，韩国人平均阅读晨报的时间是15分钟左右。

杂志上刊登超过100页原稿纸的大论文这样的事也早就消失了。就算长一点也得是在一刻钟内读得完的篇幅，最多不超过20页。

不仅是文化，娱乐产业也盛行一刻钟主义。或许这个时代在时间上有持久性的人只能作为例外、当作伟人来景仰了。

比如数年前，当弗朗西斯·奇切斯特爵士独自一人驾船完成环游世界之行时，人们认为它是一件伟大

---

① 大河小说：大河小说是法国文学术语Roman-fleuve 的日译名词，指放映时代的连续性长篇小说。

的壮举,不仅是因为环游世界这一点,也包含着对他忍受了那么长时间的事实的惊叹。反正韩国的现代社会已经逐渐变成时间的持久性越差、赋予的价值反而越高的畸形社会了。

可是像这样严格地使用分段的时间,一刻钟在眼前一晃就消失了,结果一无所获。而从长期如此获得的充实度来说,这是在人生中得不到什么价值回报的浪费的断续。

尽量把人生切分成小不点儿的碎片来消费,并不是为人生积蓄的行为。古代的工匠为了制作一座佛像不是也要花费十年的工夫去雕琢吗?

即使看不到10年后,我们至少也应该有一个跨越1年到2年时间的可持续发展的框架。想要在生活中活出知性、活出智慧,首先应该克服一刻钟主义。

幸福与不幸只隔一张纸

在欧洲旅行途中,从报纸上看到多瑙河上游发了洪水的头条消息的那天,我偶然沿着多瑙河进行了一次旅行。

我头脑中刻着的关于洪水的概念是房子和家具、锅碗瓢盆、家畜等都顺流漂走的汉江的洪水,发生塌方、改变流域地形的洪水,还有冲毁堤坝的暴雨、江水泛滥、得坐着船在城市里穿行那样的洪水。

可是多瑙河的洪水完全不是这样的。水位稍有上升,停船的码头稍稍浸在水中就算是大洪水了。不仅是多瑙河,欧洲的洪水也只不过是很久没有上升的水位稍微上升了一点罢了。

即韩国的气候风土是活风土,欧洲的是死风土;韩国的气候一天之中也要发生几次突变,欧洲的气候一年的变化也没有韩国一个季节的变化幅度大。像这样的自然变化不会对生活在那种风土中的人的价值观或者合理的实质的思考赋予永久性。

在韩国今天还是丰收,明天可能突然就变成歉收了;今天还硕果累累,明天也可能被冰雹全部打落;丰收的土豆可能一夜之间就烂了,芬芳的水稻也可能瞬间被病虫害破坏。这样无常的自然环境成为威胁感觉幸福的价值观的复杂因素。

庄子或者儒家的幸福观对知识社会产生影响,它甚至对庶民大众的底层社会也产生影响。庄子的少欲知足思想就在于此。

"知止不殆,知足不辱,可以长久。"

这是老子的教训,意思是说如果奢望得到超越本分的幸福是危险的。

儒家也强调幸福和不幸相辅相成的同根说、强调幸福的无常。《韩非子·解老》中有这样的叙述:

"人有福则富贵至,富贵至则衣食美,衣食美则骄心生,骄心生则行邪僻而动弃理。行邪僻则身死夭,动弃理则无成功。"

"行邪僻"和"动弃理"会带来人生的失败,是大祸。"人有祸则心畏恐,心畏恐则行端直,行端直则思虑熟,思虑熟则得事理。行端直则无祸害,无祸害则尽天年,得事理则必成功。尽天年则全而寿,必成功则富与贵,全寿富贵之谓福。而福本于有祸,故曰:'祸兮福之所倚。'"这就是祸福同根说。

《淮南子·人间训》中有祸福相生的故事:

"昔者,宋人好善者,三世不解。家无故而黑牛生白犊。以问先生。先生曰:'此吉祥,以飨鬼神。'居一年,其父无故而盲。牛又复生白犊。其父又复使其子以问先生。其子曰:'前听先生言而失明,今又复问之,奈何?'其父曰:'圣人之言,先忤而后合。其事未究,固试往,复问之。'其子又复问先生。先生曰:'此喜祥也,复以飨鬼神。'归致命其父。其父曰:'行先生之言也。'居一年,其子又无故而盲。其后楚攻宋,围其城。当此之时,易子而食,析骸而炊。丁壮者死,老病童儿皆上城,牢守而不下。楚王大怒。城已破,诸城守者皆屠之。此独以父子盲之故,得无乘城。军罢围解,则父子俱视。"

有名的"塞翁失马"也是《淮南子》里的故事,经常作为祸福相生,祸福同根的教训被引用。

"一成一败,一进一退,一穷一通,一全一坏,一祸一福。"

《论语》中的《福虚》、《祸虚》、《幸祐》都表现出幸福是不幸的因素、不幸也是幸福的因素的思想。随着这种思想背景传入我国,幸福危险论也在韩国人的意识结构里生根发芽。①

---

① 译者注:《福虚》和《祸虚》是东汉王充写的《论衡》中的,作者误认为是《论语》中的。《论语》和《论衡》中均没有《幸祐》,韩国语中"偶"与"祐"的发音相同,《论衡》中有《幸偶》,故推测此处应为《幸偶》。

是人情关系还是契约关系？

人情关系和契约关系是对立的。苛刻地强制执行契约，会被认为缺乏人情；相反，如果以人情为主，契约写得很模糊的话，会损伤平等的人际关系。

我们可以比照一下长工一类的家庭劳动者和主人的关系，还有佃户和地主的关系。

长工被雇用时，约定给一定的工钱，做佃户也要按照约定交一定的地租，这是一种契约行为。可是长工生病了，连续一个月无法按照合约工作，这种情况下如果是契约的人际关系，则应该扣除约定工钱的十二分之一。可是重视人情关系的韩国人几乎无一例外不扣工钱、全额支付。如果扣钱的话，会被认为是没有人情的人，被村落共同体所孤立。

地租也是一样。气候恶劣或者病虫害严重的灾年，佃户会请求地主减少地租，地主也会同意减租。不预先申请减租也没关系，只要到了交租子的时候笑笑说："灾害太严重……"就可以了。地主会像家长一样发善心，人情关系得以维系。

如果佃户在青黄不接的时候没有粮食了,按照西方人的契约关系的话,会要求借贷粮食,定下偿还日期、计算利息、签约签名后才能达成借贷关系。可是在韩国人的人情关系中,"施舍"是有人情味的,"偿还"也是有人情味的。

地主家有大事的时候,或者修缮房屋、缺人手的时候,会要求佃户或者佃户的老婆孩子来帮忙。佃户如果应允的话,马上就开始干活,不会要求回报。而通常是在地主要求他干活之前就主动地自己找活儿干了。

像这样,地主和佃户之间的义务关系是不确定、不定量的。地主的上级支配身份和随之而来的"权力"、佃户的下级隶属身份和随之而来的"服从"不是权利与义务的契约关系,而是保持人情的关系。

这样的关系从木匠盖房子的建筑合约中也可以窥见一二。让木匠承包建筑之前要先让他报价,大致定下来承包费用就开工。在西方,承包费用是要签约的条款,如果实际费用超过签约费用,承包人就得自己承担损失。

可是在韩国,报价是粗略的。一般来说,实际费用要比当初预算的承包费用超出很多。木匠说材料费多花了多少、瓦片比预想的多用了多少的话,房主自然不会受承包当时报价的约束,会付更多的钱。

从严格意义来说,这一类的契约不是现代法律所规定的承包，与其说是契约，不如说是"委任"更恰当。但因为开始的时候有承包合同，所以又不是纯粹意义上的委任，可以说是承包和委任的混合契约，或者在委任之上添加了承包因素的不是契约的契约。这样模糊地签约的原因就在于拒绝契约、喜欢人情的韩国人的思考方式。

我曾经看过芝加哥的一个韩国朋友租美国人的房子时写的合同。我看到合同的瞬间，就惊讶得合不拢嘴。因为合同的内容就像韩国的宪法一样有很多的条款，而且每条还都很长。

承租人每年必须粉刷房屋两次以上、草坪不能超过7厘米高、室内常备家具不能任意移动位置等这样的条件还能理解。可是玻璃脏了不擦也算违约，不能养两条以上的狗，院子里有几棵树都记录得一清二楚。这些刺痛了韩国人的心，韩国房屋租赁的合同只标明租赁期间和租金。

接触到韩国人如此简单空白的租赁合同，美国人无一例外地感觉不安。因为房主的权利和义务很不明确，也没有标明出现分歧时怎么解决。

出版合同也是如此。在韩国就是出版社拿来印好的固定格式的合同，作者盖上章合同就生效了。一般来说，合同上记载的内容本身并不重要，所以作者几乎不怎么关注合同上的条款，看都不看就盖章了。

换句话说，合同只不过是一个形式。签约之前商量的书的定价、版税、发行量才是重要的事。作者主要依靠出版社的威信，出版社主要依靠作者的人格和名望。如果作者违约，出版社方面不会拿着合同去斥责作者违约，而是每天登门叨扰、施加压力让作者守信用。

可是在西方，出版合同如果忽略了哪一条，都会招来严重的后果。所以要拿着放大镜一条一条仔细地检查，不能不置可否。如果说在韩国盖章或者签名所占的比重是一吨的话，那么在西方签字的比重说是一兆吨也不为过。

在韩国古代的土地买卖习惯中，这种契约观也很明显。土地买卖文书的目的与其说是土地买卖必不可缺的元素，不如说是为了以防万一，进行交易后对这片土地有什么异议的话，可以拿出来作为平息纠纷的证据。所以古代的文书里一定有"纠纷"这样的字眼。

近400多年前，栗谷李珥在出售江陵羽溪20亩水田的文书中写道："后次有杂谈为去等，此文记乙用良辨正事"。所有的文书都是用"以后发生纠纷，用此文书判断正误。"这样的话结尾。

可是有趣的是很多文书只有卖方的姓名，没有买方的姓名。也就是说这个契约只对卖方重要，对买方米说既不重要又不必要，没有什么意义。

从上下文推断，这些文书只是对卖方的家庭有用，而对买方没有什么用的卖主一边倒的合同。我们可以从韩国土地合同的这种特殊性中观察韩国人的契约观。

这是一个没有写明买主的土地文书的例子。

建阳元年乙未　月　日

我将清州西江面外一里的13亩水田以150两的价格售出,日后子孙后人如有因此发生纠纷者,持此文书向官衙申诉,立即纠正。

水田主人　金春三　印

下面是大约300年前韩国妇女用谚文写的记录了买主姓名的文书。

壬申2月2日侄子时化收:

你叔叔活着的时候,种南原府上东坊8字12号的5亩水田维生。现以50两的价格卖给你,日后家族里如有纠纷,凭此文书向官衙申诉,立即纠正。

水田主人　同姓　婶　印

正如我们所看到的,与其说是合同当事人之间的签约,不如说是为了防止后代因这桩买卖产生纠纷而签订的合同。

有很多像这样对签约没有约束力的文书都没有证人。世祖7年时制定的法典《经国大典》规定"文书一定要有证人签名(中介人或者县官2、3人),伪造文书败露将获罪,不得与朝为官,庶人处以三年徒刑"。严管有关不动产买卖合同的证据,为防止伪造合同之类的欺骗手段,文书上一定要有证人和执笔者共同签名。然而这照搬明朝法典制定的条文和韩国人的契约观相悖,说它几乎成了一纸空文也不为过。

虽然像李珥这样的上流知识层会按照法条的规定，有证人和执笔者的共同签名，但是朝鲜王朝自始至终都是当事人随意写文书。证人或者执笔人对文书的生效没有任何责任或义务，只是受当事人之托形式上署个名罢了。

庶民层更是连证人都不找就写文书了。学者说这是因为法的标志垮掉的缘故，但是看作其原因是在韩国人的意识结构里，这种缜密的契约没有什么意义似乎更正确些。

韩国人的这种契约观甚至导致韩国人忽视签约或者逃避签约的倾向。重视以信赖为基础的人际关系的韩国人认为无视信赖、以怀疑和不信任为前提的契约是不道德的行为，不是人干的事。所以有轻视签约的倾向，形成了一种叫作"牌旨"的委任制度。

"牌旨"是拒绝契约行为的古代韩国人委任奴仆代替自己签约的一种委任状，但和现在的委任状的概念有很大差别。查看牌旨可以发现，有的上面有"去找想买某处不动产的人，以相当的价格出售"的字样。因此与其说是委任状，不如说是命令书一类的东西。

收到牌旨的下人物色有购买意向的人，以自己的名义写文书，附上牌旨使买卖生效。如果买方和卖方关系很亲密的话，就没必要一定要有文书了，只要把牌旨给人家代替文书就可以了。韩国人使用牌旨回避签约、使契约的性质弱化，是一个很有意思的惯例。

还有，牌旨上一般不注明不动产所在的位置，即一般会省略番号、地目、面积等，所以连买卖了什么样的土地都不是很明确，这成为以后很多土地纷争的原因。像这样签约内容逐渐朝单薄的方向发展的原因也显示出韩国人对契约的思考方式。

签约是约定的一种形态，韩国人从意识结构上拒绝采取这种形态。在西方约定采取契约的形式，而在韩国拒绝这种形式的原因是因为社会结构不同。我们在前面指出了韩国社会是同质社会，除了以信赖为基础的人际关系，我们还可以从韩国社会具有纵向结构这一点上寻找原因。

韩国人不论是在工作岗位还是在社会上都有纵向的位置，即固定的身份。社会要求他的行为举止符合身份。比如文武百官的行为举止要像文武百官，读书人的行为举止要像读书人，这是韩国人的生存条件。所以要求长官的行为要像长官，教师的行为要像教师，大学毕业的人的行为要像大学毕业的人。越是属于这个纵向社会上层的人越不能背信弃义，因此他们的信誉也成正比例上升。即比起1对1的签约本身，维系相互的社会地位更加重要。要小心谨慎地行事，不让它受伤或者出现裂痕，这样的约定比采取签约形式的约定更强有力。

还有在纵向结构里越向上，集中在其身上的社会声望的密度更大，即使想做违背声望的事也做不成。

这就好像在人们互相都认识的同质社会里不能做坏事的道理。这个人是律师、那个人是学校老师、那个人是牧师……所以没必要一定得签合同，这样想着就拒绝签约行为。

在韩国以签合同的形态来约定的事一般发生在社会地位低的阶

层或者对方的身份不明确、互不相识的人之间。在西方签约占很大比重的原因之一就是因为西方从古代开始就是人口流动现象严重的异质社会,而更主要的是这些异质元素各自构成横向的社会结构。他们不像韩国社会一样重视纵的序列,而是重视横向的平等,一对一的关系必须非常明确,所以签约变得很重要。

韩国人的缓冲时间

我每到休息日都和朋友一起去登山。我通过韩国人约定集合的时间切身体会到韩国人中庸的时间观。韩国人普遍具有这种含糊的想法：迟到时对于等待的人只需稍微表示抱歉就可以，迟到30分钟以内都能得到原谅。

约定9点半登山，可是没有一次能在9点半全部聚齐的。要是想全聚齐一定得到10点钟，所有的人只要10点前到齐就可以，有30分钟的时间富余。也有人提议干脆把集合时间定到10点钟，可是这个合理的提议马上就被否决了。原因是因为韩国人对"30分钟的缓冲时间"习以为常，如果把集合时间定到10点，实际上要到10点半人才能聚齐，对于这个事实谁也无法提出反对意见。

曾经有过这么一件事。一个在韩国工作了很久的美国人也参加了登山活动，他有着东部的清教徒血统，是典型的美国人。对美国的定时主义不无造诣的一行人一致认为让这位美国朋友正点到达、等上30分钟不仅有点抱歉，也会暴露出韩国人意识中可耻的部分，所以就把约定时间（9点半）加上韩国的缓冲时间（30分钟），干脆直接告诉他10点钟集合。

换句话说,造成了告诉韩国人9点半集合、告诉美国人10点钟集合的双重结构。到了星期日上午约定见面的时候,10点钟韩国人就都来齐了,唯独那个美国朋友没露面。

截至10点15分,还有各种各样的可能性,比如考虑到交通拥挤等等,所以大家就毫无反抗情绪地等他。可是一过15分钟,就发动韩国人的意识结构猜测他是不是有事来不了了,给他家打了个电话。接电话的是他妻子,说他大约5分钟前从家里出发了。

这个美国人到达约定地点的时间正好是10点半,等于比韩国人的约定时间晚了1个小时,比他的约定时间晚了半个小时。

我们调侃他说:"美国人也这么爱迟到吗?"他耸耸肩说:"我没有迟到,只是把美国时间韩国化之后来的。"他凭借长期在韩国生活的经验,已经非常清楚这样的约会大家一般都会晚来30分钟,并且不算什么失礼。

在这一点上,重要的是这个美国朋友摸索出韩国人"比正点晚30分钟"的经验。这种缓冲时间的极限时间段有多长是很难测定的,也不是广为人知的。对印度人、墨西哥人、拉丁人、韩国人来说,缓冲时间极限的长短都不一样。

它不是可以用时钟来测定的精确的时间,而是用感觉测定的习惯上的时间。我们通过这个美国朋友的体验揭示了韩国人习惯上的缓冲时间。

定居民族的同质空间

在美国，房子的门牌号很方便陌生人查找，这是因为他们把异质性看作生命，他们定位的方向和序列井然；与之相比，在韩国看门牌号，1号旁边可能是8号，8号后边很有可能是15号。同一个门牌号又可能生活着数百数千户人家，门牌号让人摸不着头脑。事实上，在韩国的城市只凭着门牌号去找人几乎是不可能的。韩国人把门牌号贴得像有机体一样复杂，也丝毫不觉得不方便，是因为韩国人完全排除了异质性，街坊邻居互相认识，生活上没有门牌号码也没有什么关系，所以不论门牌号定得多么荒唐，他们也不会感觉到任何不方便。

事实上，这样的门牌号也是开化期时受西方文明的影响而规定的，门牌号在同质性社会其实并不怎么重要。比如刚刚实行邮件制度的时候，我们可以通过下面这些因为投递没有门牌号的信件而发生的真实的故事充分认识到韩国人的同质性空间意识。

1898年3月17日汉城邮差总司的邮递员林德建投递了信封上写着以下地址的信件。

"潼关大阙前 左捕盗厅行廊后谷 西向大门瓦房 金主事收"

左捕盗厅后面的胡同里家住瓦房、大门向西开的金主事家一共有三家,因为这封信投递错了,邮递员林德建被解雇了。他认为投递错误是因为地址没写清楚,不是自己的失误。他向负责邮政业务的工农商部的大臣要求更正,但是为了让众多邮递员引以为戒、避免发生投递错误,他最终未能免受处分。

像上面这样招致邮递员被解雇的地址还算是写得比较详细的了。那时候信封上的地址大多写成下面这个样子。

"京城茶洞 崔判官收"

"京城城门外苍波山岗 阳川 李家收"

"京城广桥左岸假家生员全州李家收"

在韩国,地址写成这样的信曾经也能收到,这是互相都认识的同质性空间意识的缘故。

不论是大城市还是小乡镇,不论是首都还是地方,所有道路的标志也只是对很熟悉那条道路、熟知那条道路有什么限制的人才有用的同质性的标志,对完全不认识路的异乡人根本起不到路标的作用,这一点上完全没有例外。所以外地人在没有起到正常的向导作用的路标前彷徨,这甚至成为诱发事故的原因。

大体上这个地方是什么地方、这条路通向哪里⋯⋯这样的指示性路标很少。与之相比,禁止做什么之类的禁止性标志非常多。而像"禁止通行"、"禁止左转弯"、"禁止停车"这样的禁止性标志也要到禁止某种行为的那个地点才出现，绝对不会提前几十米出现向导性路标。这样的同质性空间处理方案经常导致不熟悉路的司机出交通事故。

除此之外，路标上很多标明例外规定的字体都非常小，隐隐约约地看不清楚。有时看到什么禁止通行的标志，突然慌张地回转方向盘，结果却发现只是限制大型车辆通行、或者只是在上下班高峰时间禁止通行等等。

虽然高速公路的标志牌是考虑到让完全不熟悉道路的外国人也能找到路的多元性的向导标志，可是一旦下了高速路，就根本无法只看路标找到目的地了，只能像古时候的他乡客一样边打听道路边走。

事实上对于对路况很熟悉的人来说，道路标志是没有任何意义的，不怎么重视异质元素的韩国人的空间意识在无意识中导致了忽视异质元素的路标的出现。

韩国公交车前面玻璃上贴着的路线图也做了同质性空间处理，只是为熟悉周围环境的人准备的。

韩国的城市无一例外对停车空间非常吝啬，与其说是舍不得停车空间，不如说是定居性空间意识的必然。在美国或者中东、中亚等移动性游牧社会，马、马车、骆驼等交通工具是必需的，所以不会有忽视它们停靠空间的住宅或城市结构。换句话说，马帮是现代意义上的车库，马场是现代意义上的停车场。

可是在拒绝移动的定居性农耕文化圈里,即使愿意移动也是像去市场之类的小范围移动,乘车文化无法扎根。在这样没有乘车传统的地方,对于乘车文化需求的激增导致停车空间不足等问题出现。

把移动看作人类的本质是全世界的趋势。西方人是移动的民族,所以经常调换工作也经常搬家。如果他们不是移动民族的话,或许就不可能发现美国,也不可能开发西部。他们搬去生活的地方就成了故乡。

驻扎在韩国的美国士兵即使搭建只是短期驻扎一两个月的营地,也像要使用很多年似的建造完美的营地。有下水设施,墙面刷漆,连院子里也种上花。如果是韩国人,怎么会对只住一两个月的临时住处又粉刷又种花呢?可是对于移动的民族来说,生活着的地方就是自己的家乡、自己的房子,在移动民族的空间意识里即使在一个地方居住时间很短,那里也不算是临时居住的住宅。

与之相比,身为定居民族的韩国人认为故乡代代相传的祖宅才是自己的家。除此之外,在韩国人的思想意识深处,即使是在他乡生活了几十年的房子,甚至生活了一辈子的老房子也只是临时的住处。古时候在首尔,有很多官员的官邸只是在做官的时候临时居住的房子,官员卸任后就返回自己的老家生活,只在首尔留下叫作"京主人"的代理人。韩国人是唯一的非常重视祖籍的民族。

像这样,古代韩国人认为搬家是一般老百姓或者贱民才做的事情,王族贵族连续几十代生活在同一个地方也不搬家。如果在城市规模不断扩大的今天,地价或者房价的上升幅度不大、价格平稳的话,也许韩国人就会因为定居性的空间意识,不会像现在这样经常搬家了。

在火车里得连袜子都脱了……

在西方人看来奇怪的光景自然地发生在韩国的火车里。

乘客找到自己的座位,确认座号之后就脱掉上衣、松开领带。更有甚者连衬衫都脱了,就穿着内衣,然后就像进了自家的客厅一样把鞋脱掉,夏天还要把裤脚挽到膝盖。

火车车厢是很多乘客共有的公共空间。可是韩国人只要能将这个共有空间的一个角落变成私有空间,就会忘记它是共有空间的一部分,像在自己家里一样毫不犹豫地进行私人行为。换句话说,在公共空间竖起看不见的墙壁,将其完全私有化;西方人没有办法将公共空间私有化,总是在公共空间进行公共性的行为,所以不会有在火车里只穿内衣或脱鞋的事发生。

公共空间的私有化可以说是韩国人特有的意识结构。韩国人认为买火车票就是在某段时间内完全购买火车这个公共空间的一部分，所以在那段时间里不管别人说什么，也不管自己的行为是否对别人失礼或妨碍别人，他们让行为里的公共性蒸发了。

我们经常能看到的另一个光景是一家亲眷聚在一起占领火车的一角，言行旁若无人，就像把家里的客厅整个端移过来似的。

这种现象存在是韩国人将公共空间完全私有化的公共观念所致。韩国人对这种私有化既觉得不快，又保障了它的存在。取代了所有人平等使用公共空间的空间意识，只有私有化之后才能感觉安定的空间观让韩国人的公共空间私有化成为必然。

美国人一般会为了两个小时的旅途能坐着去、为了买有座号的票排两个小时以上的队等待，这种行为很傻。可是韩国人就算等三个小时也要买座票，买归乡列车车票的长队也力证了这种私有化是多么严重。

在没有指定座号的一般公交车上或者度假季节交通拥挤时，抢座的场面就像战争一样。父母指使体型小的孩子像小老鼠一样突破竞争的人群，先上公交车占座。上了车的孩子伸着两条胳膊拼命保护先占领的空间、等待父母上车的样子让人觉得有些凄凉。

从小接受了这样的空间争夺教育的韩国孩子将来还要经历高考的竞争、找工作的竞争、晋职称的竞争等损害别人、追求自身的安乐和地位上升的竞争，朝着将他人置之度外的方向成长。

一定要拥有我的家的强烈的"my home"风潮在韩国也非常热烈。西方人即使有钱也能安心地住在租来的房子里，没有假住意识；

而生活在租住屋内的韩国人却无法摆脱这不是我的家、只是临时的过渡房的假住意识。在国外盛行的汽车租赁在韩国无法突破使用范围的局限，也是因为韩国人总是觉得不舒服，总想着租来的车不是自己的车。

普洛克路斯忒斯的床

17世纪中叶的志怪小说《聊斋志异》中有揭示东方人的合理主义和命运主义关系的故事。

一个擅长写作的读书人多次参加科举,可是回回落榜。他看到实力不如自己的人及第,断定是因为考官收了贿赂。他把这不合理的事向天帝诉说后灵魂升天。

"世界上的事非常地矛盾不合理。我那么努力,写了很好的答案也未能及第,可是答得很差的人可能因为贿赂及第,这是应该容忍的事吗?如果神存在,应该审判世界上这样不公平的事情。"

天帝接受了请求,决定进行审判。他叫来掌管正义的神和掌管命运的神做陪审团,让两个神比赛喝酒。然后对书生说,如果在比赛中正义之神赢了,就算书生赢了;如果命运之神赢了,就算书生输了。结果在这场饮酒比赛中,命运之神喝了七杯,而正义之神只喝了三杯。因此,天帝对书生说了如下的话。

"你好好想一想吧。这个世界并非只有正义,有时候不合理的命运的玩笑比正义的力量更大。你不要忘记正义之神只喝了三杯酒的事实,世界上的事有七分是不合理所支配的,然而俨然也有三分的信义支撑着。你退下去顺应命运吧。"

虽然是寓言,但在欧洲绝不会有以合理主义败北为内容的故事。可是在包括韩国在内的东方文化圈,人的力量无法战胜不合理的力量、要顺应被称作命运的超自然力量的"providence"就是生活的智慧。

在西方有与《聊斋志异》的不合理主义相对照的比喻合理主义的神话,希腊神话中的《普洛克路斯忒斯之床》就是这样的故事。强盗普洛克路斯忒斯抓到人之后,强迫他躺在一张一定规格的床上。如果那个人的腿长,伸出床外,就嫌他腿太长,把伸出床外的部分截掉;如果那个人的身长比床短,就像把铁杆拉长似的用锤子把那个人的腿敲长。

这个神话诙谐地表现出存在即合理的思考。它反映了西方人的意识结构:"事实"如果不符合普洛克斯忒斯之床象征的"合理",那么事实就是错误的。即使得将这个错误的事实变形或者歪曲,也要贯彻合理的东西。

3

选择安全第一主义比起不安分的冒险，

比起不安分的冒险，选择安全第一主义

《圣经》中有这样一个故事。

有个人要出远门了，就把仆人们叫来，把家业交给他们。这个人按照每个仆人的才干，分给他们银子。一个给了5塔兰特，一个给了2塔兰特，一个给了1塔兰特，就外出了。①

那领了5塔兰特的仆人随即拿这笔钱做买卖，另外赚了5塔兰特；那领了2塔兰特的仆人勤于周转，也另外赚了2塔兰特；但那领了1塔兰特的仆人到僻静的地方去背着别人掘开地，把主人的钱安全地埋了起来。过了许久，长途旅行归来的主人把仆人们叫来，询问他们这期间办事的结果。那领了5塔兰特的又带来了另外的5塔兰特，领了2塔兰特的带来了4塔兰特，领了1塔兰特的又原封不动地带回了他精心保管的1塔兰特。主人对挣了5塔兰特、2塔兰特的

---

① 译者注：塔兰特（Talanton）是使用于古希腊、罗马和中东的一种可变的重量和货币单位。作为货币单位，马其顿王国时期1塔兰特约合25公斤白银。

仆人说:"我忠心又善良的仆人啊,你们做得很好。你们连在小事上都很有忠心,我会托付你们做更重大的事。你们和我一起享受主人的快乐吧。"

然后他对把1塔兰特埋到地里安全保管的仆人进行了严厉的斥责,说:"懒惰的奴才啊,把那1塔兰特给其他能干的仆人,把这没用的家伙给我赶出去,让他到荒野里呼号徘徊去吧。"

这个《马太福音》第二十五章中的故事有按我们韩国人的价值观无法理解的成分,犹太人的想法和韩国人的意识结构形成鲜明的对比。为了挣5塔兰特要冒极大的风险和危险,因为比起赚5塔兰特的机率,连本钱都打水漂的机率更大。

所以如果是韩国人,主人把钱交给他,如果没有命令他拿去赚钱,排除各种危险因素、把钱埋在地里安全的保管的仆人会被认为是忠实的仆人。可是《圣经》里的犹太人认为冒险比安全的意义更大,这种价值观和基督教一起逐渐成为欧洲人和美国人的价值观。

是什么原因让犹太人和韩国人形成了相反的价值观呢?是因为犹太人周围的自然环境和韩国人周围的自然环境不同。

我曾经去以前摩西曾经那样渴望的伽南的福地、耶稣受到恶魔的诱惑彷徨过的犹太的荒野旅行。完全氧化的红色的大地是生命——哪怕是一只小蚂蚁、一株小草也拒绝生长的炙热的地狱。那里是无法想象人能生活下去的生命的禁区。

可是我曾经看到犹太人用簸箕从约旦河的河底挖土、在高点儿的地方耕耘约一尺厚的人工田种土豆吃的情景。因为犹太的土地拒绝生命，所以必须创造能让土豆生根发芽、容纳生命的田地。因为是没有雨水的地方，即使种下庄稼也要每天打约旦河的水浇灌。即使忙碌耕耘，他们得到的粮食也是少得可怜。

在这样的自然环境里，只是安全地保存 1 塔兰特就意味着死亡。为了确保以后的生活，即使这 1 塔兰特会消失，也不能不冒险、不能不采取行动。

今天不勤劳工作，明天就没有生存保障的自然环境是圣经式的环境；今天即使磨蹭一点，明天也有生存保障的自然环境是韩国式的环境。以这样的自然环境为背景的基督教成了西方文明的基础是无须赘言的。

织女给人洗脚的境界

仁宗年间,宰相尚震在明朗的月夜和儿子对酌,并作对句,以此为乐。

> 人言圆月挂苍穹,
> 醉看分明在盏中。
> 一饮而尽酒杯空,
> 月复于吾肠中升。
> 内外青光两相映,
> 人生逍遥乐无穷。

把月亮冲泡在酒杯里喝了,外面的月亮、腹中的月亮使自身同化,这种境界是符合韩国人的情愫的。事实上韩国的传统文学几乎都是吟诵自然的,虽是吟诵自然,但自然和人的界限模糊,到达分不清我是自然、还是自然是我的境地,陶醉于这种境界。

在众多实例中,引用高丽时的诗赋泷西子——李仁老的《红桃井赋》为例。

"泷西子茹蔬得饱。以手扪腹,岸掩苒之乌纱,杖铿鈜之龙竹。踞一石,露双脚,挪碎冰霜。吞吐珠玉,岂唯火日之可逃,亦复尘缨之已濯。徐啸归来,溪风薮薮。展八尺之风漪,枕数寸之瘿木。梦白鸥而同戏,任黄粱之未熟。飘飘乎如驾八龙而到瑶池,闻金母之一曲。浩浩乎若泛枯槎而渡天河,惊蜀都之卖卜。则何必锦障纡四十里,胡椒蓄八百斛,打就金莲盆然后濯吾足。"①

宰相朴淳的别称叫宿鸟知先生。他在智异山生活的时候,每天拄着拐杖到山里去。一听到他的拐杖声,鸟就会从树上飞下来落在他的肩膀上和头上鸣叫;他到树下休息,松鼠会在他的胯下和腋窝时隐时现;他躺在石头上睡觉醒来,梅花鹿会跑来和他背靠背地躺着。

他的穿着和思想完全没有人工的痕迹,所以才可能达到这种境界。宿鸟知先生进山就和自然同化、人性蒸发了。返璞归真,鸟、松鼠、梅花鹿证明了他达到了成为自然的平等的一分子的境界。这种境界才是韩国人的精神根基。

六堂崔南善②说,登上金刚山毗庐峰山脊,面前美不胜收的景色

---

① 译者注:作者此处已经将古典汉文翻译成现代韩国语,大意如下——泷西子吃了蔬菜,肚子饱了。他用手摸着肚子、戴着单薄的乌纱帽、手里拄着龙竹杖。他骑坐在石头上,露出两条腿,揉搓出凉爽的水花。在红桃井衔吞吐珠玉,那美妙的滋味岂止是消止火一样的酷暑?连沾染了灰尘的帽缨也洗干净了。泷西子吹着口哨回来,清风阵阵,他铺展开八尺竹席,枕着几寸长的瘤木枕躺下。梦中和白色的海鸥嬉戏,管它金黄的小米饭熟没熟呢。翩然骑着八条龙去瑶池,听西王母的歌声。再架着小舟漂流过银河,在织女架起织布机的田野里休息。啊,谁知道他正在金莲花盆里泡脚,织女的纤纤玉手在给他洗脚呢?

② 崔南善(1890—1957),诗人、记者、历史学家。

给人以百万斤的压力,背后的景色亦是如此。因为腹背受压,感觉人就像纸张一样变薄了。这也展现了在自然中蒸发了的人类的最后的形象。

韩国人在想什么(3)

한국인의 의식구조

比起不安分的冒险,选择安全第一主义

重视家庭聚餐的国家

传统的德国小学只在上午上课。从早上8点开始到下午1点课程结束后,小学生马上就回家和家人一起吃午饭。法国也是如此,分成从早上9点到12点上课的上午学校和从下午2点到晚上5点上课的下午学校,而中午饭都是在家吃。所以所有的法国公司或者商店都在中午12点到下午2点钟闭店,因为和家里人一起吃午饭比什么都重要。

对育儿产生影响的欧洲家庭价值体系是以家庭为中心型的,美国是夫妇中心型,而韩国是母子中心型。即使同属于家庭中心型也是有区别的,在英国是严母主义,在德国是严父主义,而在法国是双亲主义。

英国母亲在他人面前绝对不会对子女流露出半点母爱或者做出爱抚行为,也绝不会在他人面前抱着孩子走路,她们带孩子出去的时候一定是用婴儿车推着。像这样,英国的孩子从婴儿时期开始就在有教养的呵护下生长。

韩国青少年到了十七八岁一定会经历对父母有逆反心理的时

期,而这个时期却是年龄相仿的英国青少年一生中对父母最顺从的时期。他们自发地熟练地替父母跑腿或者进行社交活动。因此,教育学家把这段时间定义为家庭教育的休息期。

韩国和英国的差异是韩国无条件地顺从孩子的意见,而英国尽量限制孩子的意见。

我曾经有一次应邀去一个英国家庭玩。那家有一个5岁左右的孩子坐在餐桌的另一头注视着我的一举一动,这让本来吃西餐的手法就很不熟练的我的动作变得更僵硬了。她看我大概是因为对这个头发、眼睛、皮肤的颜色都不同的硕大的怪物产生了好奇心吧。

孩子的妈妈发现孩子给客人带来不便,就毫不留情、不由分说地拽着孩子把她拉进屋里,问她说:"你知道自己错在哪了吗?"听到孩子哭着说知道,妈妈就把房门锁上了。无论孩子怎么求饶,她也当作没听见。那个孩子要一直被关到客人离开。

英国家庭顽强地拒绝他人的干涉。即使是请客人来家里做客,也很少像美国一样延长到一起吃饭,一般也就是喝喝茶,在晚餐之前结束活动。因为在他们的生活意识里,和家人共餐比会客更重要。

所以在英国的学校很难想象有什么家庭情况调查或者家访之类的事,也没有学生家长的职业统计之类的事。除了自己主动和别人讲的情况以外,无论有何种需要,都绝对不会允许外人随便打听家庭内部的情况。因为他们不想受家庭成员以外的因素妨碍的态度很坚决。

英国彻底的家庭中心体制的原因可以从由产业革命引起的高速近代化中找到答案。近代化是指人与人之间的联系靠利益和能力为媒介，也就是说生活的机械化使人性蒸发了，在工作岗位结成的人际关系只能止于工作岗位，离开工作岗位就成为孤立的陌生人。不会像韩国这样把工作关系延长到工作之余、举办一起喝酒的有人情味的聚会。英国人淡化这种孤独感、让人性得以恢复的时空就是和家人接触的时空，所以形成了与众不同的家庭中心价值体系。

说"像我这样的人……"的心理

韩国人常常靠贬低自己的处境,说自己是"生活在阴影里的人"、"被疏远的人",靠自责和自我惩罚来减轻不幸感。

韩国人不是靠客观的人和事物评价自己,而是自己贬低自己,以引起韩国大众文学和演艺界的共鸣。自我惩罚、自责、悲壮地自嘲,向大众诉说自己的不幸是作为孤立的人、作为局外人的必然。

因为在大众的心底隐藏着对被孤立、被排斥的人的共鸣和同情。历史上的韩国大众总是被有权者和支配阶级所孤立,一直生活在阴影之中使他们形成对弱者的共鸣。

作为被从权力的体制里、从富人的体制里、从贤达之人的体制里排挤出来的自嘲,作为被疏远的对象，韩国人将必然的不幸合理化，以此来减轻不幸感。

求婚被心爱的女人拒绝，就会自嘲说："像我这样穷困潦倒的家伙当然没办法喽，因为我没出息……"；考试落榜，就会自嘲说："像我这样愚昧的村夫……"；晋职失败也会自嘲说："像我这样又没背景、又没钱的……"这样自嘲着减轻自己的痛苦，并且给予有着类似经历的人或者预测自己也会是这样的其它听众以共鸣。

让我们与艾米丽·勃朗特的《呼啸山庄》做一下比较。弃儿希斯克列夫被山庄老主人恩肖收养后，和出身名门贵族的主人家的女儿凯瑟琳相爱。他们之间存在着身份的障碍，无法收获爱情。可是希斯克列夫并没有因此而自嘲不幸。

如果换成韩国人一定会说："像我这样的人，还想什么……"就放弃了，并且他的放弃还会引起韩国大众的共鸣。可是希斯克列夫却把这不幸当作追求幸福的原动力。他凭借这股动力愤而出走，到伦敦去赚了大钱回来，他买下了呼啸山庄，最终还赢得了凯瑟琳的爱情。

西方人不像韩国人一样消沉。如果导致不幸感的第一心理阶段是消沉的话，韩国人应该学会把消沉转化为自我安慰、获得幸福成功。

凡是聚会都是有名分的

庆州的鲍石亭，弯弯溪流涓涓流淌，王室曾经在此觥筹交错、开怀畅饮的新罗遗迹达保留着旧貌。

通常，看到这样的遗迹，人们会把它看作颓废的王室风流享乐的手段。这种看法是错误的，在鲍石亭交杯畅饮的行为是君主和他统治的臣下为了结成共同体意识而进行的一种精神上的契约行为。聚饮有着丰富的内涵，倒一杯酒让它随着溪水流淌，互相传递、分享美酒，用一杯酒奠定亲密关系的基础。

《芝峰类说》中记载，司谏院的新官聚会时，一定要传递一只指定的酒杯——鹅卵杯，每个人都要用这个酒杯饮酒。

承文院向君主进谏时，君主一定会下赐酒菜，那酒是装在叫作高灵钟的大酒杯里、传递着共饮的。每个公司或社会团体都有一只固定的酒杯，无须赘言，像这样传递着酒杯喝酒的原因之一就是因为这么做可以促进同一个单位人与人之间的信赖关系。

我们的祖先自古就互相传递着酒杯共饮一杯酒。前面讲过的高灵钟据说就能装下7、8升酒,我们可以想象它有多大。酒杯也根据大小不同有着不同的名称,比如能装一升的酒杯叫作爵、能装两升的叫作觚、能装三升的叫作觯、能装四升的叫作角、能装五升的叫作散。

也许是因为拥有这种作为精神契约手段的聚饮传统,现在的韩国人也不会没有什么借口或者契机就喝酒。因为以前只有在神人融合或者将异质的东西同质化的仪式上才喝酒,所以得寻找与之类似的什么名分,不论是哪种喝酒的场合,都得有个名分。某人调转工作的离职席、某人的订婚宴、某公司的成立纪念日、和某人签约成功的庆祝宴……

想喝酒但是没有借口的话,一定得找一个。儿子得了优秀奖要喝一杯、天大旱下雨了要喝一杯、燕山君的忌日要喝一杯、老婆回娘家了要喝一杯、偶然相遇要喝一杯……什么稀奇古怪的借口都有。

凡是聚会都是有名分的,这正是韩国人喝酒的传统。如果没有借口,就感觉不安。喝酒是通向信赖的韩国式的契约观的证明。

时间的经济价值

韩国属于人性化的时间文化圈。而在物理时间文化圈里，有着浓厚的对时间赋予经济价值的倾向。最具代表性的可以举"时间的经济效益"为例。

除了日薪、周薪、月薪以外，房价、利息、储蓄、讲课费、保险费等也是用货币价值衡量时间的。大体上占用的时间越长，价格越贵。但是在人们的生活变得越来越忙碌的今天，"时间便益"这个概念变得重要起来，也出现了占用时间越短，价格越贵的现象。

在美国发生过这样一件事。住在加利福尼亚州圣何塞的会计师汤姆·胡色列向和他订了约会时间、却没有按时出现的咖啡店服务员艾琳·凯瑟琳提出诉讼，要求她赔偿38美元的损失。38美元并不是一个大数目，这个赔偿金额是按照他为了去见她而花费的等待时间和往返时间折合成他平时每个小时工作所获的报酬计算出来的。对于不习惯将时间换算成价格的韩国人来说，这起事件可能听起来有点奇怪，虽然有点过激，但对西方人来说并不陌生。

属于人性化的时间文化圈的韩国人不是根据工作时间的长短计算报酬的，而是根据工作量的多少来计算，花费多长时间并不是很重要的问题。因为与以时间为中心的西方人相比，韩国人以事为中心。往邻村搬运一麻袋的大麦需要支付的费用是看搬运物的重量、搬运的距离、靠经验判断搬运工要花费多少辛苦而决定的，是以人为本的。不管那个人搬运的时候是花了2个小时还是10个小时，除了特殊情况，时间不是决定费用的重要条件。

插秧或者除草、割稻子时，根据干活的是成年男子、妇女还是少年，或者根据一天的长短来靠经验判断他们半天或者一天能干多少活。雇主希望按照工作量支付报酬，因为这样就不用像雇计时工一样监督他们有没有偷懒了。妇女在干活的途中给背在背上的孩子喂奶，或者因为有急事突然回家一趟也不要紧。即使她在其他地方花费一些时间，只要保质保量干完活就行。

在南道农村有个无报酬劳动的习俗，叫作"做剩下的活"，是指干活的人由于某些私事而未能完成按照常规应该完成的工作量时，过几天再来干活对雇主进行补偿。这大概是只有在人不做时间的奴隶、能支配时间的文化圈才会有的习俗吧。

像这样不重视时间的消耗、以人为本、以事为本的时间观是韩国人意识结构形成的重要因素。如今，西方式的时间观占支配地位的管理社会也蕴含着矛盾和压力。因此，在当今的管理社会，如果能将以事为中心的韩国人的时间观以发展的眼光进行科学的利用，自然会带来意想不到的额外收效。

东西方的海是不同的

那是我在希腊的扎金索斯岛一个韩国侨胞的别墅里停留时发生的事情。我大部分的时间在别墅前的地中海洗海澡、或者用水枪抓海鱼消磨时光。一起生活在别墅里的侨胞的夫人是希腊人,她和我说,除了洗海澡和抓鱼,希腊人觉得从海底捡各种颜色的石头也是很有意思的事,还给我讲了如果捡到五彩石就会有幸运降临的传说。

为了寻找幸运石,我戴着水镜潜到海底,让我感到惊讶的是在清澈的海底的石头就像在韩国的江里能看到的石头一样光滑。

我把拾来的石头放在床头,水气一干,就现出原形,变得像在韩国的江边捡到的石头一样一尘不染。在韩国不论是西海还是南海,即使是在比较明澈的东海,海里的石子也毫无例外地覆盖着各种青苔、海藻泥、或者因为覆盖着各种贝类生物和虫子窝而满身疮痍。即使把地上干净的石头扔到海里,只要经过几天,石头的表面也会变得一团糟。

可是地中海是什么样的海,为什么海里的石头会如此干净呢?

海鱼也不是什么地方都有的。想要抓鱼必须到这个岛附近水流宽广的河口近海去才能抓到。在其他海域潜水小半天,也只能抓到一两条。

我后来才知道,地中海不仅没有杂质,也没有鱼。只有在有食物的河口,比如只有在意大利的波河或者罗纳河河口才能抓到鱼。

所以地中海沿岸或者欧洲人吃鱼的方法和韩国人相比显得非常幼稚,甚至可以说是原始。在希腊,一般家庭做鱼的方法只是把鱼放在水里煮熟以后捞出来,把没了油水、像棉花一样干巴巴的鱼肉蘸着盐吃。根本不能指望有什么新鲜的生鱼片,或者辣鱼汤、红烧鱼、盐烤鱼这样的菜。

换言之,对欧洲人来说,海只不过是死的、无机物的海;不像在韩国一样,海是给我们带来安息的生命的源泉,是活着的有机体。因为海而形成的欧洲人和韩国人的自然观差异是欧洲人的意识结构和韩国人的意识结构产生决定性差别的重要分界点。

换句话说,面对孕育生命的海的韩国人和面对拒绝生命的海的欧洲人对自然的感觉必然从本质上有很多不同。说韩国的海是活的,不仅意味着海里有鱼类、贝类和藻类生活。洋流回旋、波涛翻滚、海啸席卷陆地的这种自然的伟大力量也共存着。

与之相比,没有大灾害的地中海没有洋流也没有惊涛骇浪,是地地道道的死海。在古代波斯战争中败战而归的希腊英雄色诺芬留下了记录当时情况的《长征记》。书上说当希腊的败兵横断中近东的沙漠到达地中海沿岸时，看到蔚蓝的大海，他们兴奋地哭喊"啊，海，海！"

他们争先恐后地奔跑，用手捧起海水浇在自己的头上。他们这样高兴的理由明显是因为抵达故土的安顿感。可是如果考虑到他们面前还有几千里的海水需要跨越的事实，令人如此兴奋的安顿感还为时尚早。

如果是韩国人，肯定会面对这茫茫大海流下悲叹的眼泪。韩国有句俗话说："海路是通往地狱的路。"像这样，对韩国人来说，海路是通向死亡的旅程。可是希腊人一到海边就像回到了祖国一样欢喜，因为他们对海的感情和韩国人有很大的差别。

生活在地中海的欧洲人把海看作平坦的道路。地中海没能给予人类任何东西，但是它给了人们平顺安全的海路。

而韩国人的祖先即使是翻一座山，也要担心虎患。我们甚至能够经常看到老虎侵入王宫——景福宫的记录。直到开化期，景福宫后面的路上还贴着禁虎榜。现在首尔西大门往弘济洞方向去的母岳岭下面有个叫留人幕的地方，翻山的人要聚齐十个人才能由两名持枪士兵一前一后地护卫着翻山越岭，即使是韩国城市周围的路也都非常艰险。欧洲人一点儿也不怕地中海的海路，感觉就像白天的大道一样安全。

欧洲人以海为通道发展为商业民族，海带来文化的繁荣。而韩国是世界上屈指可数的三面环海的海洋国家之一,可是为什么没能走向海洋,而成了闭锁国家呢?这得归罪于祖先。韩国人历史上的所谓海洋思想,好像只有新罗张保皋的昙花一现。

在不安分的新罗青年人身上还能够找到海洋思想的影子,可是他们总是以失败告终,这些可以看作是过大妄想的冒昧行事,也可以看作是英雄式的非凡勇气。

新罗奈勿王的第七代孙——名叫大世的年轻人对大海有着强烈的开拓精神。

"在新罗这个山坳里终了一生,和池塘里的青蛙、鸟笼里的鸟又有什么区别呢?怎能不知沧海之辽阔而虚度一生?即使是乘着一叶垂钓的扁舟我也要离开这里。我要到达吴越的土地、拜师傅进名山修行。我要换一身神仙的筋骨、再腾云驾雾从天上饱览天下的景观。"大世这样说。他在庆州南山的一个寺庙遇到了和自己志同道合、一起进行这壮烈航海的同志——仇漆,两个人共架着一艘渔船消失在茫茫大海的深处。他们走了以后音信皆无,不知道他们已经如愿以偿,还是被风浪吞噬了。

可以从中窥见新罗海洋思想的另一个例子是真平王四十三年孤身一人乘一叶扁舟到达大唐的薛罽头。

"新罗人总是议论人的品格和门第,不识人的雄才大略和杰出功绩,这真让人郁闷死了。我横跨沧海碧波、西游中国。我想立下汗马功劳,平步青云、腰挎神剑,在天子身边对天下发号施令。"他这样想着,大胆地乘着一叶小舟扬帆起航了。他最终实现了理想,在唐太宗手下做左武卫果毅,战死沙场。

新罗的这种开拓海洋的精神可以从当时很多去唐朝游学的僧人

的经历中窥见一斑。特别是游学僧人慧超乘着木舟跨越东海、南海，远到天竺国留学。

这种海洋思想没能结出果实、在内部就凋谢了的理由是因为韩国周围的海域太危险了。海具有不可征服的超人的能力，这超人的能力正是自然的力量。它促成了韩国人的自然观：自然的力量是不可违背的。如果韩国周围的海域能像地中海一样平静，韩国史应该也会大不一样了吧。

不仅仅是海，江也是欧洲的江更温顺些。地中海沿岸的降雨量不过是韩国的二十分之一乃至三十分之一，并且只有冬天才下点雨。欧洲江水的水源主要是靠阿尔卑斯的积雪融化，基本上不会因为下点雨而引起水量激增。

在欧洲，水位是1、2厘米逐渐上涨的，稍微超过明显比韩国低的堤坝时，就成了洪水。真是什么样可笑的洪水都有。拥有这样斯文的江水的居民和拥有肆虐凶暴的江水的居民，他们的自然观怎么会一样呢？

韩国日照丰富、降水充足，因而粮食生长旺盛，但气候不稳定、多发火灾，自然循环也不安定。与之相比，欧洲的自然按照一定的循环顺序有规律地安静地发生变化。这种渐变虽然没能给人类带来丰盛的恩惠，但也不会带来火灾的隐患。

当自然的不规则性威胁生命、引发自然灾害、破坏安定的时候，自然无法不成为人们畏惧的对象。因此韩国人在自然面前卑躬屈膝,认为人力和人智是无法超越自然的力量的;与之相比,欧洲人认为人力和人智是超过温顺的自然的,所以他们很早就有了将自然当作仆人利用的智慧。

在自然和人类的函数关系里,形成了在韩国自然占上风、在欧洲人占上风的差异。这种自然观的差异使欧洲人形成了将一切想象得合理的合理主义,而让韩国人形成了非合理主义。因为自然的规则变化是合理的,而不规则变化是不合理的。

应该怎样生活？

在西方，将生存期有时间限制的病症——癌症告知患者本人是常识，而在韩国不会告诉本人，其他家庭成员只能私下偷偷地议论。西方人把自己的死亡当作起点，计划余日的生活，而韩国人即使明天就得死，也不会预想到死亡。因为这个差别，告知本人和不告知本人的文化类型不同。

西方人总是想着自己以后能活多少年，而珍惜现在的每一天。努力工作的同时，努力地享受今天。可是不怎么关注死亡的韩国人并不觉得现在的每一天多么重要。对于这样的韩国人，如果你告诉他您得了癌症活不了几个月了，对他来说是巨大的打击，因为从未想过的死亡即将变成现实。

我想，西方人特别关注死亡，而韩国人不怎么关注死亡，他们不同的思考方式是不是由以圣经为背景的自然和以韩国为背景的自然的差异引起的呢？即使是再大的灾年,在韩国也能够找到可以救荒的生物的恩惠;而在西方如果只剩下最后一只羊,只要吃掉那舍不得吃留下的羊腿就意味着死亡。因此西方的生死观不可能和韩国一样。在炙热的荒漠里没有一根能拔着吃的草,羊也因为没有食物即将死去,在这种情况下,食物的断绝就意味着生命的终结。

最近很多韩国人为了对抗成人病而采用了节食疗法。即使不节食,也都多多少少存在着忌口、不吃某种东西的食性。因为热衷于忌口,而丧失了可以吃得更香、更快乐的人生的幸福之一。虽然节食是为了活得长一点,几乎没有韩国人认真思考如何有效地利用好这靠牺牲人生的一乐才得以延长的生命。

与之相比,欧洲人使劲地吃,吃得香、活得快活。他们对那种不能吃自己想吃的东西、瘦得骨瘦如柴、以延长生命为人生目的的做法大多持怀疑态度。基督教之所以能被欧洲接受,其中也有因为欧洲自然环境严峻的原因。属于高纬度地区的中欧和北欧的土地一般不如韩国的土地肥沃,在人工改良品种出现之前的自然状态下,如果在韩国播种能收获播种量20—30倍的粮食,在欧洲就只能收到5—19倍。相比之下,地中海沿岸的南欧更是不毛之地。

因此,在生活条件艰苦、自然环境恶劣的背景下,基督教在欧洲落脚也可以看作是理所当然的结局。

严厉的德国父亲

德国人以家庭为中心。小学教育仅仅局限于上午教学的原因也是因为德国的父母不愿意让孩子长时间待在学校。他们认为学校的教育固然重要，但更应该重视家庭教育。

教育学家赛罗斯基以青年人为调查对象做了"孩子的教育由谁决定？"的问卷调查，回答由父母决定的占67.2%、回答由学校决定的占17.1%，对父母的教育权的认同率很高。

德国和英国都属于家庭中心制国家，但是在英国是母氏中心，而在德国是父氏中心，这一点上有差别。直到现在，德国的父亲也经常不事先和妻子商量或告知，就突然把朋友带回家吃晚饭。这样的事情在英国根本无法想象。

德国的父亲对于作为一家之主支撑整个家庭、维系家庭的健全和教育孩子有着强烈的责任感。而母亲不管到什么时候都只是父亲的得力助手而已。

自古以来,德国女人的生活圈就可以用"3K"来概括。"3K人生"即教会(Kirche)、厨房(Küche)、孩子(Kind)。

德国父亲对孩子十分严格,相对而言,母亲则是慈悲的。从这一点上讲,德国母亲和严厉的英国母亲有很大的区别。所以德国青年基本上像韩国青年一样,对父亲有反抗心理,但对母亲十分依恋。

比起父亲,更多的德国大学生认为母亲是人生的顾问,其原因也可以说是出于对严父的反抗现象。英国的家庭教育和德国的家庭教育不同的原因是因为英国注重营造家庭氛围,而德国注重培养孩子的良好习惯。

没有信用的社会

顺路去耶路撒冷的时候,我故意在圣乔治宾馆旁边犹太人经营的洗衣店居住,为的是能直接接触他们的生活。

在那里居住的半个多月中,我观察到犹太人的思考方式或者行动方式和韩国人有许多不同。

最让我难忘的是韩国人和犹太人对待信用的差别。当我借住的洗衣店进来的不是老客户,而是陌生人时,犹太店主一定会问他:"您是不是要去前面那家洗衣店啊?"在我借住的洗衣店对面的街区还有一家洗衣店,这个犹太人首先要确认不是前面那家洗衣店的顾客走错了地方,才肯收下他要洗的衣物。

有一天,我问他即使是前面那家洗衣店的客人走错了地方,我们也接下活儿赚钱就可以了,有必要一定要确认一下吗?我的疑问极具韩国人思考方式的代表性。

"不光是我,人家也得生存啊。一个人从生下来,他这辈子要干的活儿是有数的。神让我们做的事如果我们完成得太快,离死也就不远了。"我可以从主人的回答中了解到犹太人的意识结构。他做出了韩国人完全不会有的举动,让我着实吃了一惊。

在大型工厂干洗的衣物经常会有洗不掉的污渍。主人认为洗得不干净的就把钱退给顾客,如果顾客一定要给钱的话也只收一半。而万一主人不在家的时候,有人取走了主人认为没洗好的衣物,主人一定会按照客人留下的地址登门拜访、把钱退回去。与眼前的利益相比,犹太人更重视看不见摸不着的信用。

用长远的眼光来看,能攥到手心里的一时的"金钱即结果",与即使现在不能到手但是可以长期存在的"信用即结果"中,哪一个能让犹太人的生意更兴隆呢?这是不言自明的。

把看不见的信用当作企业和商业的优先资本的不仅仅是犹太人。数年前,我在台湾发行的报纸上看到了一个叫作"学生书局"的书店广告,他们提供将台湾的各种古文献相关资料邮寄到国外的业务。

我请这个学生书局帮我看看台湾的各图书馆有没有唐、宋、明代中国人写的关于汉朝的几十种文献,想复印其中的一些资料。

之后我就把这件事给忘了。可是过了大约三个月,突然收到一个很厚重的国际邮包。打开一看正是我让台湾的学生书局帮我查找的那些古文献。他们已经全部找到并且帮我复印好邮寄过来了。还有一封短信说要我支付复印费用280美元……可是没有说要到什么时候截止支付这笔费用,也没有提及付款方式。

其实细究起来,即使我不支付这笔复印费,那边也束手无策。因为这只不过是一个生活在韩国的普通人的咨询,没有任何学生书局承认的机关或者机构提供担保。对于一个生活在外国的普通人,没有任何担保就不收取任何费用提供发掘文献这样辛苦的服务,并且还慷慨地投入280美元的财力,这让我无法不对他们的精神肃然起敬。

后来我才知道,学生书局只是台湾大学前面一个只有十二三平方米的小书屋。相对它的规模来说,280美元绝不是一个小数目。我因它如此守信用而被吸引,继续和这个书店进行交易,总共购买了价值1万美元的与韩国和中国相关的古文献。虽然有好几次都拖延了几千美元未支付款项,他们一次也没有催促过我。

韩国的企业或者商家能如此广泛自然地使用信用吗?韩国人和外国人相比,对信用还不熟悉,我认为信用是关系到韩国企业成长或滞后的极其重要的因素。

为什么韩国人对信用不够熟悉呢?除了结果主义以外,如果说还有其他理由的话,可以说是发源于结果主义的皮肤接触式的思考方式。

所谓皮肤接触式的思考方式,就是"不论是什么,都认为能够具体地用手摸到的结果更有价值"的思考方式。换句话说,可以说是认为看不见、摸不着的东西没有什么价值的思考方式。韩国人看到什么新鲜

的东西总想先摸摸看,这也是无意识中发动了通过触摸才能确认其存在价值的皮肤接触式的思考方式的结果。

即使是买布料或者买个碗,韩国人也毫无例外地先摸摸然后再买。去旅游景点或者名胜古迹,会发现只要是伸手能够得到的地方都无一例外地被游人的手摸得发亮了。原本是只用眼睛欣赏就可以的东西,而韩国人一定要摸摸心里才痛快。

美国是不需要现金的社会。有个词叫"塑料人生",指在美国只凭信用卡就可以吃饭、买东西,还能坐飞机。可是移民美国的韩国中老年人却拒绝使用信用卡,因为它不符合韩国人的心理特点,没有花钱的感觉。

我以前到美国旅行时,发现可以用很多方法确认韩国人拒绝"塑料人生"的现象。我认为这种现象也是由于韩国人要具体地摸钱、数钱、用钱,才能得到花钱的感觉或者价值的皮肤接触式的思考方式引起的。

由于这种思考方式,韩国人觉得信用看不见、摸不着,认为它不稳定、难以形成价值。

人们常说欧洲人的视觉发达,而韩国人的触觉发达。视觉的发达引起抽象思维的发达,而触觉的发达引起具象思维的发达。重视具象思维的韩国人总是把目光放在眼前的东西上,无法看得更远一点。他们善于处理好眼前的突发事件,但缺乏高瞻远瞩、未雨绸缪的能力。信用是抽象的东西,是属于未来的事情,所以被排除在韩国人的价值范围、关心范围和思考范围之外。

从一开始就放弃,
心里才舒服吗?

如果您听贝多芬的《第五交响曲》,您可能感受不到要顺应命运的悲观心理;如果您听伽耶琴散调①的十二分之八拍,您可能感受不到要挑战命运、不言放弃的精神。

韩国人从心理上喜欢放弃。从感觉到不幸的瞬间开始,在考虑如何克服困难之前,就先打退堂鼓了。所以韩国人的放弃和韩国人的幸福观是表和里的关系。

让我们具体地分析一下韩国人的幸福观背后隐藏着的放弃心理吧。

首先,这种放弃是由于把幸福和不幸归结于命运而引起的,所以形成了和西方人不同的想法,认为幸

---

① 散调,韩国民俗音乐的一种,由缓慢的晋阳调开始,节拍逐渐加快。

福不是人能左右的,而是上天所管。

我们很少见到的韩国人的幸福论中,有一本是朝鲜王朝的开国功臣郑道传的文集《三峰集》,其中收录了排斥佛教的《佛氏杂辨》,其内容讲述的就是祸福说。

"天道即是给善人赐福、给恶人加祸。人道即是给善人褒奖、给恶人惩罚。"郑道传这样把祸福定义为天道。他说,"人心有奸邪的,也有正直的;行动有正确的,也有错误的,祸和福正是与之对应的。"这句话说明天道与人道有着密切的关系。

《诗经·大雅》中有"岂弟君子,求福不回"这句话;子曰:"获罪于天,无所祷也。"这是劝诫人们君子只要心地坦荡、管理好自己的身心,即使不刻意求福也会自然而然地得到幸福;即使不刻意避祸,也能自然而然地远离祸患。因此产生了"君子有终身之忧,无一朝之患"这句话。

"祸至,则安然顺受之,就像拂面而过的冷暖一样与我无关。"

韩国人认为只需接受不幸,没有必要费劲儿去克服、企图挣脱。韩国人的这种幸福观具有中国古代正学的普遍性。

《易经》写道"作善降之百祥,作不善降之百殃"。[①] 这是常理,就像夏季炎热、冬季寒冷一样。

《渔樵问答》中也有这样的对话。

樵夫问:"向神求福,神会赐福吗?"

渔夫答:"行善恶的是人,管祸福的是天。另有所管,求之何用?"

听之,樵夫又问:"有时善人反而被祸,恶人反而享福,为何?"

---

① 译者注:此句出处应为《尚书·商书·伊训》。

渔夫答:"幸与不幸是命运,当与不当是分数。小人认为得福是命不是分,被祸是分不是命;君子认为被祸是命不是分,得福是分不是命。"

即,命是偶然,分是必然。强调了恶人得福是偶然的。幸福是天道给予善良的人的赏赐、给予恶人的惩罚。换句话说,把幸福的源泉归结为现世的道德的成熟,这种对幸福的道德归结成为韩国人消极幸福观的核心原理。

电力机车的火夫

英国有件逸事叫作"电力机车的火夫"。火夫是蒸汽机车必不可缺的,但是在靠电力行驶的机车上毫无用处。可是据说电力机车出现以后,曾经有一段时间是有火夫同乘的。这种矛盾的形成是英国人强烈的契约观作用的结果。

火夫进入铁道部门工作时,合同规定他们在一定的期间内每天要做几个小时给蒸汽机车烧火的工作。遵循这个合同的火夫要给火炉烧火,其他的事情没必要做、也不能做。

履行合同期间,蒸汽机车虽然换成了电力机车,但动力的变更是公司方面的事情,不能对火夫和合同产生影响。所以在合同期间,火夫必须继续乘坐电力机车。当然,因为不须要烧火了,火夫只须望着沿途的景色发呆、在规定的时间内乘坐火车就可以了。虽然像是在漫画中才有可能出现的场面,但曾经确有其事。

对签约观念贯彻得太彻底,造成了荒谬的事,但是从"契约应该优先于现实"是社会的必然这一点上考虑的话,"电力机车的火夫"寓意深远。

在欧洲也是如此。英国人和日耳曼人的契约意识比法国人、意大利人、西班牙人这样的拉丁血统的人更胜一筹。在英国血统的人全面掌握经济、文化、社会主导权的美国，契约意识也比较强。

与之相比，韩国人的契约观念比较模糊，而是更重视和依赖道义、人情、友情等。韩国人签约时，比起约定本身，更重视人性化、重视签约的态度是否热情友好。只要能保留这种人性化的元素，契约本身不履行也没关系。对于西方人来说，契约和友谊是完全不同的东西，韩国人却常常以友谊为借口取消契约，这是因为韩国人更重视道义和人情。

韩国人的对酌文化

西方人一个人喝酒。下班回家后给自己倒上一杯酒,在酒吧也是如此。西方的酒文化是一个人去酒吧、一个人坐在吧台喝酒的自斟自饮的独酌文化。

我们在小说、电影和电视里经常看到这种独酌的场面。不仅如此,在驻韩国美军部队驻扎地的酒吧里也到处都是自斟自饮的美国兵。

如果说西方文化是以一人独酌为基调的文化,韩国文化则是以两人以上对酌为基调的文化。当然韩国人也会在吃饭或者发火的时候一个人喝酒,但这只是极个别的特例。所以看到独自一人喝酒的人一定会认为那个人有非常苦恼的事情、或者有什么意图、或者在等人、或者有什么异常的情况。

西方人聚在一起喝酒也不是对酌,而是独酌。只是互相碰杯,不会交换酒杯。

干杯是从中古时代开始的。

西方人聚在一起饮酒时,曾有互相把嘴唇靠在对方拿着的杯子边上喝一口的习俗。这种习俗是从认为酒里可能有毒的不信任关系中产生的。因为西方社会游牧和交易频繁,是一个必须和陌生人共存的多元化社会。先有了对于这种异质性的警惕感和不信任,而后形成了文化。

像这样,为了证明对方喝的酒和我喝的酒一样都是无毒的,产生了喝一口对方杯里的酒的习俗,这种复杂的习俗逐渐简化为干杯的习俗。也就是说干杯是以不信任为基调的。

中国人聚在一起饮酒时,也互相劝酒、干杯。中国人会把空酒杯向对方倾斜一下,让对方看到自己都喝光了,但这也不是对酌。而韩国人忙不迭地互相传递着酒杯使用同一个酒杯喝酒。对酌不考虑聚饮的人对酒的喜好、酒量大小,因此是不合理、没有效率的。所以也有人轻蔑之,认为它是落后的饮酒方法。

可是即使是这样的饮酒习俗,倘若没有长期的文化积淀,也是不可能形成的。因为独酌和对酌有着各自不同的文化因素,这种因素证明了韩国人的契约观不像西方人那样是以不信任为基调形成的,而是以信赖为基调形成的。

古时候韩国人的祖先不像今天这样把酒当作日常的饮料来饮用,而是只有在和神灵接触的祭祀时,或者把缺乏信任的异质因素转化成可信赖的同质因素的仪式上才喝酒。换句话说,酒曾是神人融合或者异己融合的母体。

　　祭祀结束时注定会有叫作"饮福"的环节和叫作"馂"的环节。饮福是让所有参与祭祀的人均等地获得神灵的法力，让大家均享祭祀时使用的祭酒和祭祀用膳食的仪式。"馂"就是为了让那些没能直接参与祭祀的共同体成员获得神灵的法力，而把祭祀用的食物分给他们每人一点的仪式环节。也就是说，饮酒是作为神力或领域分配的行为，是保障共同体意识的习俗。

　　酒曾经是神人融合和加强共同体信赖的仪式时才喝的神酒，所以不论是喜欢酒还是不喜欢酒、会喝酒还是不会喝酒，它都是无法以个体的理由抗拒的共同体的契约行为。

　　韩国人的祖先形成了为了共同生存而共饮祭酒的关系。比如说部落祭时，共同分享祭酒的同一个村子的村民、在时祭时共同分享祭酒的同一个种族、在祭祀时共同分享祭酒的同一个家庭的成员，他们即使没有像西方人一样列出具体条文的合约或法规，也会结成同心同德的契约关系。如果说西方人是靠契约行使约束力的客观的共同体，那么韩国人就是使用祭酒行使内在约束力的主观的共同体。所以西方的契约法律行为相当于韩国的"饮福"和"馂"的行为。

　　除此之外，韩国人还在将异质元素同质化的仪式上喝酒。在西方陌生人结成共同体的时候，会制定维持约束力的契约，而韩国人的祖先靠聚饮谋求同质化、强化共同体意识，以此来代替契约。

　　作为固有的共同体，"契"的历史是最悠久、最普遍化的。最近它堕落成了女权聚会或者财富增长的经济概念。但是在古代，为了达成某种共同体目标，而结成精神纽带、将异质性同质化的媒介就是"契"。对于结成"契"的仪式，聚饮是必不可少的环节。

丁若镛的《雅言觉非》第3卷中关于"契"的语源的解释如下：

"人们聚在一起饮酒一律叫作'楔'，同年龄的人聚在一起叫作'甲楔'、同期的人聚在一起叫作'谤楔'、同官的人聚在一起叫作'僚楔'。像这样为了亲近和财富增长而共同出钱的聚会，不是'契'，而应该写作'楔'这个字。'契'的意思是约定，所以如果不顾意思，只看名称的话，就会犯这样的错误。"

可是"楔"字转化成"契"字有充分的理由。"楔"的意思是古代春秋两季在水边举行的清除不祥的神祭。金首露王从天而降的奇迹发生的那天就是三月的"楔洛"之日。看韩国古代的记录就会知道，在祭祀神灵和鬼神时，一定会有会饮歌舞。由此可见，通过这种会饮而达到神人融合的聚会"楔"变成了意为互相约定的"契"字，从逻辑上讲也是合理的。

像这样，神人融合的信仰共同体为了共同的目标发展成亲和共同体、经济共同体，而聚会的时候只有会饮这个习俗从古代延续到现代都没有什么变化。因为"契"有异质元素相互间进行约定的同质化作用，参与"契"的成员的会饮是韩国式契约的必要环节。

会饮曾是给韩国人以精神约束力的仪式，这一点也可以从乡饮礼中得以证实。

中宗时，为了从道义上教化百姓，奖励乡约。这个办法很奏效，因而相当普遍。乡约是指同一个村的人定下规矩:德业相劝、过失相规、礼俗相交、患难相恤,是乡村独自履行的具有约束力的制度。加入乡约时一定会伴随着叫作乡饮的饮酒聚会,也就是把饮酒作为一种接受乡约约束力的契约行为。乡饮比乡约的影响力更大。历代的纶音或上疏中有多处将世俗的紊乱归咎于对乡饮礼节的懈怠的记载,由此可见乡饮的重要性。

纯祖时,被认为是邪学的天主学传播时,当时的章令崔时淳呈递的上疏如下。

"邪学废弃伦常,不以禽兽所行为耻。盗党几乎横行半国,愚民深陷邪术不知解脱。臣以为其原因在于盛代风化之举'乡饮'之礼懈怠,导致互相离间,产生此种局面。臣认为行乡饮乃上策。"

换句话说,乡饮和五伦行实、乡约履行一样,也属于教化的三大要素之一。最近村民们聚在一起喝酒的乡饮行为几乎被人们认为是败俗的,而它曾经这样让人珍视,就是因为酒不是一种流行的手段,而是强化同质社会、以信赖为基础强化契约约束力的手段。

现如今也是如此,需要和陌生人亲近时,刚刚加入某团体或者就业、晋升、调转工作、到一个新的岗位上工作或者形成新的契约关系时,韩国人一定会准备酒宴。各团体和公司的活动经费中,招待费所占的比重比其他国家大的原因是作为同质化过程的媒介,聚饮具有异质融合的传统意识结构。

因为韩国人把喝酒当作促进人与人之间融合的手段,所以酒是没法一个人喝的。如果不是很多人轮流喝的巡酌,就一定得是对酌了。

时间的圆环形象

时间的形象总的来说可以分为三大类：直线形的、圆环形的和点状的。

直线形的时间形象认为时间是恒常的、等质的、客观的、普遍的、不可逆的、定量的，是线性文化圈的形象。在几乎没有什么变化、不威胁人类生存的自然环境里，征服自然生存下来的欧洲文化圈的时间形象就是如此，是必定能使自然科学发达的时间观。

圆环形的时间形象是像韩国这样的，大自然达到人类无法征服或者克服的程度，要投入大量的心血在农业上，在这样的条件下形成的时间形象。植物随着四季的推移经历着种子→发芽→成熟→开花→结果→落叶→枯死的周而复始的循环过程。在这种无法不跟随永远旋转的自然的轮回和反复的节奏行事的风土上形成了赖以谋生的职业。从冬去春回的小幅季节循环到人生的生老病死的大幅生命轮回，时间就像是不停旋转的水磨。在直线形的生死观里,死亡是绝断的终点;而在圆环形的生死观里,死亡不过是再生的一个阶段。

在这个世界上,物理上的生命结束后,灵魂活的时间最长的就是韩国人。人刚一死,亲属就爬到屋顶上摇晃死者的衣服对离开的灵魂进行招魂,把它招引到灵位。灵魂要在家中设置的灵堂里和全家人一起生活三年、吃一样的食物生活。死人的灵魂在三周年祭祀后离开家,但仍会在节日和忌日与家人重逢。对西方人来说,死亡就是诀别,而韩国人的灵魂却作为圆环的一个环节活着。符合这种时间形象的宗教就是佛教,佛教之所以能在韩国生根发芽也归功于韩国人对于时间的认识。

点状的时间形象是生活在沙漠的游牧民族的形象。沙漠是单调的无生命的空间,分布在沙漠中的星星点点的绿洲作为唤醒不毛之地的"点"有着重要的意义。这样的空间生活感觉原封不动地投影给时间观。犹太教和基督教、伊斯兰教在历史的发端——天地创造的"点"和即将成为终点的最后的审判的"点"之间形成了世界观,这点与点之间是埃及逃出、是神和摩西的会面、是作为救世主的耶稣的诞生、是靠蕴含着死刑和复活等决定意义的点连接着的。在以韩国为首的东方没有终末史观,而沙漠宗教文化圈深受终末史观支配也是由于点状时间形象的原因。

自然的变化与人事的感应

山林里到处是迷宫和鬼神出没的阴森幻幽的空间，居住着各种精灵鬼怪。鬼神是脱离了暧昧昏暗的空间就无法生存的超自然的存在，自然现象靠这种超自然的存在的作用与人类的现象直接相关。

这就是典型的韩国人的自然观——天人相感论。

肃宗时，实学家李瀷在《星湖僿设》中这样描述自然和人的相感关系。

"这个世界上自然的变异必定和人事相符合。就好像内脏有病时，症状会反映在脸色上一样，人事也会和自然相感。万物吸天地之气而生，因此天地和万物之间无法不存在感应。但是同样的天灾地变不是对应着万邦万人同样的盛衰吉凶。因此，有识之士应该明此道理、顺应天意。"

宣祖六年六月大旱。右议政①卢守慎上疏说:"狱中罪人金汝孚、金镇、李铭、林福復等人冤气感天,因此大旱,臣恳请释放他们,顺应天理。"

国王因此而释放了这些人。

像这样,无论是日月星辰、风霜雨雪,还是天地山水、花鸟鱼虫,所有的自然现象都被韩国人的祖先理解为和人事相感的函数。比如认为冬至下大雪第二年就不会有农业的病虫害,秋冬两季的雷声是达官贵人将死去的征兆。韩国人还认为娶亲那天雨雪大说明女婿脾气暴躁,新媳妇去婆家的时候雨雪大说明儿媳妇厉害、会吃掉婆婆。地震被认为是青鱼的丰年,年初看到的第一个禽兽如果是体形小的动物,说明那一年不会生病。

家养的牛的牛角尖发白,表示主人会破产。狐狸在村子的后山号叫,说明这个村的妇女中有人红杏出墙。狗尾巴上沾了稻草预示那天家里会来客人,打猎的时候有兔子从面前横穿而过说明那天要空手而归。鸡下了没有蛋黄的蛋说明家里会生儿子,惊蛰前野鸡叫说明是丰年。燕子把窝搭在水车里说明那年要大旱。韩国人还相信被盗的人家如果抓只鸟,用针刺瞎鸟的眼睛再把鸟放飞,鸟就会落在坏人家的屋顶上。

早在三国时代,就有许多"大树无缘无故地枯萎预示重臣死亡"的记录。据说分布在全国的大树、名树都以各种方式和人事有着千丝万缕的联系。杜鹃花花开二度说明有国丧,向日葵长得比屋顶还高说明家里有不祥之事。

---

① 右议政,议政府的一品大臣。

像这样,韩国人对于自然和人的感应的把握与认为自然和人区别明显的非青山式的思维方式不同。韩国人认为自然和人之间存在着暧昧模糊的缓冲地带,有无数的相感神经在缓冲地带中运动。

比起不安分的冒险,选择安全第一主义

缺乏等待的美德的国家

韩国人不能排队等候、喜欢夹心儿,或者做出扰乱秩序的举动,其原因是结果主义。因为遵守秩序排队是过程,买到票或者打到出租车是结果。韩国人为了尽快得到结果而无法忍受过程,常常导致公众秩序一片混乱。

有一次在西雅图的国际机场,我必须换乘美国航空公司的飞机在当天晚上抵达华盛顿。

西雅图机场的乱是出了名的,尤其是因为没有机场内电动车的指示牌,经常让第一次来的人不知所措,像实验室里的小老鼠一样跑来跑去地寻找美国航空公司的窗口。当我找到美国航空公司窗口的时候离飞机起飞只剩下 5 分钟的时间了,可是我前面还有 30 多名乘客在排着队等候办理登机手续。

一个人办手续至少需要 1 分钟,我想这样下去一定赶不上飞机了,就变得焦躁不安。我从队伍里面出来,跑到窗口前面指着手表对航空公司的女职员大呼情况紧急,可是她透过眼镜片瞧了瞧我,泰然自若地说让我等等。我又走回去排队,排在我前面一大截的一个看样子像日本人的东方人也跑到服务台前面说了些什么。那个女职员对他的态度也和对我一样,估计那个人可能也和我一样焦急,问了和我一样的问题吧。

可是只有东方人着急。排在我前面乘坐同一航班去华盛顿的美国人用脚打着节拍、哼着小曲儿悠闲地排着队。我对他泰然自若的样子有些疑惑不解,就问他:"起飞时间都过了,你还不着急吗?"他摊开双手,表示这不是我们的事,而是航空公司的事。

石油危机时,在美国西部平均要排 10—15 个小时的队才能买到一桶汽油,韩国人肯定没有耐心排这个队。

韩国人可能会到韩国侨胞开的加油站去走个后门,但是多数情况下是干脆几天不开车算了,因为韩国人精神上不可能那么从容、不可能把一天的时间都花在排队等待上。

在欧洲也得排队。巴黎的地下水道是靠《悲惨世界》的冉阿让出名的。想要参观这个地方需要极大的忍耐力。由于游客太多,游船每次只能搭乘 70 位游客,所以得排队等 3 个小时才能乘船参观。

事实上如果不习惯于等待,在美国或者欧洲的城市是无法生活的。斯坦贝克①在《美国人论》中说,美国人一生中不睡觉的时间里三分之一都浪费在等待上。由此可见他们对等待文化非常熟悉。

---

① 斯坦贝克(1902—1968),美国作家。

除了等待，什么也不做、坐着发呆也是在西方常有的事儿。

我曾经在早上路过纽约第五大道的小公园。公园的长椅上坐着的中年妇女引起了我的注意，因为她穿的大衣色彩十分艳丽。下午5点左右我办完事又从公园经过，无意间一瞥，发现那个中年妇女还坐在早上那个位置上。我对她一天到晚坐着一动不动的忍耐力感到非常惊讶。在西方的公园里随处可见这样安静地坐着不动的人。不要说让韩国人无所事事地坐上一个小时，哪怕就让他在同一个位置待上三十分钟，恐怕他也难以忍受。因此，韩国的公园里全是不安分的分子在进行布朗运动。

林语堂在《生活的发现》中也写道，在中国的公园也有人一天到晚或者一连几天看鱼缸里的鱼游来游去，或者看鸟笼里的鸟嬉戏。

韩国人认为酒吧都是嘈杂的，但去美国的酒吧看看，会发现那里很安静，都是各拿各的酒杯、沉醉在自我世界里的人。

西方人不仅有什么也不做、干坐着发呆的习性，他们走路的步伐基本上也都很慢。如果把在街上走路的西方人的步伐比作行动缓慢的东方白鹳的步伐，那么韩国人的步伐可以说是活泼的长嘴山雀的步伐。

在西方，识别韩国人的方法主要是看肤色和身高。其实看个子高矮只是在中欧和北欧的判断标准，在其他国家不能当作判断标准。比起身高，靠走路的速度判断是哪个国家的人好像更容易。

我顺便去参观伊丽莎白女王的行宫温莎城堡的时候，目睹了一个嬉皮士风格的美国青年进入禁止入内的庭院拍照。

警卫员从远处看到触犯了法律的青年就朝他走了过去，但他走路的姿态就好像闲庭信步一样。照他这个速度，没等他走到近前，嬉皮士不就逃走了。他这两步踱得连我这个看热闹的韩国人心里都替他着急。

曾经有一个政府官员领我去看过阿富汗的一座由苏联援建的发电所。

那个发电所的规模很大,但是到处都是灰尘和蜘蛛网。我问他为什么不启用,他跟我说有一个发电汽轮机的零部件苏联没有给他们装上,所以已经闲置了三年了。他好像完全不在乎这三年时间的样子。

在阿拉伯,建造一座仅有三四个桥墩的短桥也得搞个五年计划。即使这样,还有很多不能按时完工的工程需要做延期计划。

韩国建筑行业能够大举进入中东市场,最主要的原因是具有"慢慢地"的时间感觉的中东人觉得韩国人的行动和工作速度就像喷气式飞机一样超级快。

移居也门的犹太人与外部的文明世界几乎隔绝了两千年,可是有一天不知从哪儿听说巴勒斯坦的土地上成立了自己的祖国,瞬时间四万三千名犹太人只带着生活用品就开始迁徙。因为盼望了两千年的诺言终于实现了,所以男女老少拖家带口向着约定的土地、向着祖国的方向开始翻山越岭、穿越沙漠。

以色列政府听说这个消息急忙租赁了军用运输机把他们运送到祖国,成就了历史上第一次依靠空中运输的民族大移动。他们将这次通过天空之路的民族大移动用"就像圣经上说的一样,乘着风的翅膀回到约定的土地"进行了合理化解释。

他们就像在汽车站等公交车,公交车到了就上车一样,他们就是用这样的姿势等了整整两千年。他们等待的能力让人毛骨悚然。

为什么生活在这个世界上大部分地区的人都这么善于等待、从容悠闲,而只有韩国人不能等待、焦急刻薄呢?结果主义的威力真大。

4

一举两得

拒绝摩擦的风潮

韩国社会、组织机构、工作单位、家庭等共同体都尽可能消除所属成员之间的摩擦,人与人之间以"和"为贵。缺乏"和"这个要素会破坏组织,因此在韩国可以说是靠"和"的程度来判断领导者的能力的。

这里存在着韩国社会和西方社会的本质区别。与"和"相反的是"对立",韩国人认为对立就是恶,而在西方却把对立看作善加以肯定。韩国人不喜欢与人对立,为的是避免因对立浪费能量。而在西方却把能量用在对立上,因为只有通过对立才能进步,西方社会是建立在认为只有对立才是使生活动起来的原动力的逻辑之上的。

所以阻碍"和"的个人主义和利己主义一样,被当作贬义词来用。如果说 A 是个人主义,A 听了会很不高兴。

可是对西方人来说,个性或者个人主义是他们的文化和生活的基础。所以就好比韩国人讨厌"对立"一样,西方人认为个性蒸发了的"和"这个字眼太陈腐。

在西方文明的母体——犹太教里,有条法规是如果僧侣会议时对某个案件的全体意见一致,则该意见将被视为无效。这是拒绝"和文化"的"对立文化"的必然。

在美国领导才能意味着个人的能力。不论是总统还是经理、科长,做领导的个人能力非常重要。领导不同,对事件的处理结果也大不一样,部下只要追随领导的创造力就可以了。可是在韩国,领导能力是和手下团结一致的能力,具备这种能力的人就是领导。他们必须具备的不是说服下属跟随自己干的能力,而是让大家朝着同一个方向努力的协调能力。因此想在韩国做领导,比起理性的、公开的方法,更需要感性的、私人的方法。

在美国政府机关或者公司,主要员工都会有独立的办公室。但如果不是主管助理的话,室内不设有接待设施。这正是所有的事都靠个人能力解决、集中在个人责任下的逻辑的表现。

与之相比,在韩国只有公司老总或者担任要职的人有独立的办公室,主任级以下的职员只能拥有一套办公桌椅。不是因为办公室小,而是因为"和"的理念拒绝独立的办公室,为了互相了解对方所做的工作、避免互相产生摩擦,需要经常在一起探讨工作。

在美国,写字楼的主人忌讳把办公室租给韩国人。理由很简单,因为韩国人要把分隔成一间一间的挡板都拆掉。走在隔板之间,感觉"和"的气氛不充足,韩国人下意识就把挡板拆掉了。所以要另外签个合同保证不拆除隔板,这样才租办公室给他。

韩国人没办法,只能租一些面积比较大的独立办公室,很多人就挤在这样的独立办公室里工作。不能分散开各自工作的"和"的逻辑正是由人类历史上最早将自然与人融合的韩国人的自然观生发而来的。

被宠坏的韩国人

莎士比亚的《李尔王》里这样总结孩子爱哭的理由。

"当我们生下地来的时候,我们因为来到了这个全是些傻瓜的广大的舞台之上,所以禁不住放声大哭。"

当然这只不过是带有文学色彩和哲学色彩的理由。如果你问医生孩子为什么哭,他会告诉你说是因为孩子肚子饿、尿布湿了,或者哪儿不舒服、想要赖皮,或者做了噩梦等。就是说由于某种肉体上的不正常或者精神上的不安而哭泣。

据说新生儿在某一段时间哭的理由和其它时期不同。年前,《时代》杂志上报道说:"新生儿哭泣的主要是因为听不到母亲心跳声的不安感所致的。可能因为胎儿在子宫里就是听着妈妈的心跳长大的,所以会对听不到这种声音的环境突变感到不安。因此可以说人类最初的不安是由于听不到母亲的心跳声而产生的。"

因此,韩国的母亲会有一段时间把刚出生的婴儿抱在胸口心脏附近睡觉。孩子哭的时候轻轻拍孩子的育儿方法也是极为科学的。类似这种经过长期实践总结出来的育儿经验有很多科学道理。

因此研究人员做了这样的实验:将敏感的小型麦克风放入孕妇的子宫,录下了胎儿在子宫内能听到的母亲心跳的声音,然后给哭泣的婴儿听这种声音。

给300个婴儿听了这样的录音,其中还包括60个出生时体重不满2.5公斤的早产儿。其中有85%的婴儿听了录音马上就睡着了,或者不到一分钟就停止了哭泣。据说这个实验结果在美国公布之后,录有心跳声的录音磁带十分畅销。

圣迭戈大学医院的葛鲁克博士还发表了他的实验结果:他制造了和子宫条件完全一样的水床,还安装了定期播放模仿母亲心跳的录音装置。结果发现使用该设备能够明显降低早产儿的死亡率。

以上的实验力证了比起让新生儿一出生就离开母亲怀抱、让他们适应外界环境的西方的育儿方法,韩国人让婴儿贴在母亲怀里、中和子宫内条件的育儿方法是更贤明的。

可是随着这种和母体环境一样的养育时间的延长,形成了韩国人特有的天性,"撒娇"就是其中之一。"撒娇"这个词带有无病呻吟、卖弄风情之意,也是可以表示耍赖皮的动词。撒娇是儿童的通病,也是直到老死都会一直支配韩国人意识的重要元素。撒娇是在韩国人的养育期间形成的,这一点是育儿观的关键。

撒娇、耍赖皮、无病呻吟,这些动词是以对方会接受为前提的被动的能动行为。换句话说,是从会被接受的被动的状态进入能动状态的行为动词,在西方语言里找不到可以与之对应的词。

"依赖"(depend)这个词的词义与撒娇类似,但依赖只是期望对方接受,没有像撒娇这样强制对方接受的积极意义。撒娇、想获得关爱的渴望是不论东方还是西方的幼儿、儿童都共同具有的心理需要。西方的孩子也想得到母爱,这和韩国的孩子没有什么区别。为什么西方语言中就没有与"撒娇"对应的词呢?

东京大学精神医学科教授土居健郎从心理学和精神医学层面对撒娇心理进行了分析,并将理论系统化。他对其原因解释如下:

"西方人想依靠父母、获得关爱这种想法只局限在幼儿期。为了将儿童培养成独立的人,西方的父母从很早就开始抑制孩子的这种欲望,禁止他们撒娇,因此在西方语言里没有相应的动词。"

因此,可以说西方的育儿观是在禁止撒娇的基础上形成的,韩国的育儿观是在允许撒娇的基础上形成的。那么韩国为什么接受妨碍人格独立和个人成熟的撒娇呢?我想不是因为韩国人盲目地、无条件地溺爱儿童,而是受韩国社会所具有的文化特征的影响,因此能容忍孩子撒娇。

美国或者西欧社会都强调个人要有强烈的独立意识和个性、喜欢对抗,是必须积极生活的个人中心社会。与之相比,韩国社会是要求个人同化于所属的家庭或者村落、团体,崇尚成员之间要互相依靠、团结的集团中心社会。韩国人在家庭、村落或者集团中不应该崭露头角、受人非议,也不应该固执己见、排斥他人的意见,韩国奉行的是这样的优柔寡断主义。

换句话说,比起个性或者独立,韩国社会几百倍地更重视依赖和宽容。在这种喜欢模糊的平均主义的社会里,如果有个性强、独立性强、坚持自己的主张、就喜欢与别人唱反调的人出现,结果会怎样呢?缩小到一个家庭,如果某个有个性的女孩崇尚自然主义、性关系混乱,韩国家庭对于这样非典型的女孩有动私刑、甚至动死刑的权利。

作为同一集团的成员,大部分韩国人谋求互相依存、宽容的"和"的社会。为了"和",甚至不把依赖性的撒娇看作不好的品德,而认为应该鼓励撒娇。

有一首叫作《用眼睛说》的流行歌曲,成年人的撒娇基本上都靠眼神表露出来,而不是靠语言。韩国人的表情中最具有韩国特色的就是撒娇的表情。

柔情蜜意的恋人之间需要对方答应什么不合理或者不妥的、感性的要求时,经常作出这种撒娇的表情。假如这种表情被抹煞,就会说"哎呀,真是的"这类起督促作用的撒娇用语,还会作出其他撒娇的表情。如果这样做也不受重视的话,就会怀恨在心。实际上,如果说在韩国社会一个人不太会撒娇或者不懂得接受撒娇,就不能处理好人际关系也不为过。就好像孩子和妈妈之间一样,韩国人彼此之间的警戒线设定得很模糊,不想为了这个警戒线劳神。

不懂得撒娇的人就是决定自己的事情自己做、警戒线的轮廓画得过于分明的人。可是韩国式的人际关系不是像警戒线一样鲜明的,而是如云雾一般因为有缓冲区才安定的。这种缓冲区不是有意识形成的,而是像运动神经一样,虽然我们感觉不到它,但它就在我们的身体里。

世界上不管是哪个国家,也没有像韩国这样对喝醉酒的人如此宽容的社会,这也可以用撒娇原理来解释。韩国把喝多了、疲惫不堪、软得像根草的人称为"喝醉的粗人",把他们当作孩子看待。韩国人认为醉酒的状态是幼儿似的撒娇的欲望强烈的以人为的方式回归。喝醉酒的人爱哭、爱抱怨、爱叹息、紧紧地抱着别人或者容易摔倒的行为也是因为极端地需要别人接受的依赖心理。撒娇就像是耍酒疯。

正因为这种妨碍人独立的被动的依赖倾向,美国社会认为酒鬼道德败坏。酒鬼自己也很有自知之明,无一例外地心怀强烈的负罪感。大概是因为自认为丧失人格的羞耻心,在美国酒精中毒者就好像韩国的性病患者一样觉得羞耻、忌讳到医院去。甚至当局会宣传说,"酒精中毒是不健康的行为,但不是不道德的行为。因此没有必要隐藏,应该及时去看医生。"

与之相比,在韩国社会只有喝得烂醉如泥,给家人或他人带来直接危害的时候,才有可能受到指责。如果达不到这种程度,不会让人觉得他有什么过错或者不道德。

即使给别人添麻烦,一般来说耍酒疯也会被看作是撒娇,会被宽容、被接受,其他的人也会跟风。第二天酒醒了,耍酒疯的人会不好意思地挠挠后脑勺,被添了麻烦的人也只是一笑了之。

酒桌上的失礼或者失言都不用负什么责任,可以获得原谅,而指责酗酒者的人反而被当作顽固不化的人受到别人的指责。像这样,韩国对耍酒疯如此宽容的理由是因为韩国人认为耍酒疯和撒娇的本质是一样的,而韩国人不会对撒娇做什么不好的评判。

在韩国社会不论是幼儿还是儿童,甚至是大人都可以撒娇,因为对方愿意接受。韩国人自己也都适量地撒着娇,同时也接受别人撒娇,因此可以互相撒娇。

因为这种对撒娇的收容性,韩国人善于察言观色,能看出对方的依赖性。这种洞察力也是韩国人固有的特性之一,和撒娇有表与里的关系。

能锐利地观察到孩子的内心世界、自觉地给孩子提供适当的帮助,这种过度服务型的母亲被认为是好母亲。在公司或者组织内,管理手下的上级需要具备观察出下属心情、需求的洞察力,要尽可能知道如何应对,要拥有这样的能力。因此和西方不同,在韩国不能够具体地了解属下的不满和要求的没有眼力见的人会被认为没有做领导的资格。也就是说,想当领导必须得到这样的评价——"即使不一一说明,我们头儿也对我们的想法了如指掌。"

这样的洞察力法则也通用于夫妇、朋友和师徒之间。"不说也心领神会"这种韩国人固有的安心感不仅是理解,也包括承认、肯定和包容。

韩国人的育儿哲学——撒娇,从很多方面来说都是韩国人意识形成的主要因素。

通过文学的情感宣泄

长期生活在韩国的圣公会神父理查德·鲁特曾说:"这个世界上再也找不到像韩国的古典小说这样如此凄绝地描写逆境或不幸的文学作品的例子了。"从某种视角来看,这种见解也不无道理。没有对不幸或者逆境的描写,就没有韩国的文学作品。

韩国的说唱艺术板嗦哩(pansori)《卞钢铁歌》(Byun-Gangsoi)中这样描写生活在平安道月景村的女主人公翁女的悲惨命运。

"命中注定终身寡,丧夫何似吃豆频?豆蔻洞房花烛夜,新郎急患伤寒亡;十六嫁夫君,命丧梅毒疮;十七再嫁,丈夫因麻风病撒手人寰;十八又嫁,夫君遭遇雷劈死;十九再嫁,夫君被捕气断牢房;二十又嫁,夫君服毒卒。翁女被逐出婆家,羡慕别人去送葬。"

表示不幸的动词"死"可以用"亡"、"卒"、"断气"、"丧命"、"撒手人寰"等多种方式表达,仅从这一点就可以看出韩国有描写逆境的传统。

大概这个世界上所有的文学作品中,描写贫困和穷酸相的小说没有能超过《兴夫传》的。

兴夫四十岁就有了二十五个孩子,因为"一年生一胎,一胎生两三个",孩子连成串降生了。我们看看这些孩子们穿的团体服装吧。一张大草垫子挖三行窟窿,每行挖十个窟窿,第一个窟窿小一点,后面的越来越大。孩子们就把头从这些窟窿里伸出来,把草垫子披在身上避寒。

"会喊的只有'爹'、'娘',吃的东西的名称只能叫出'饭'来。其他食物的名字很难教会他们,因为他们从生下来根本就没吃过什么其他的东西,见也没见过,听也没听说过。"

还有《沈清传》,除了结尾的大团圆场面外,其余的部分都是逆境描写。

"哭着要吃奶的孩子,想念妻子痛哭的父亲,用哭声度过漫漫长夜。听到鸟鸣声估计是天亮了,盲人父亲一手抱着刚出生的孩子,一手拄着拐杖,到家家户户门前哀求:'刚出生的孩子死了母亲,没有奶吃……'"

韩国古代的妇女晚上睡得很晚,让婢女给自己念古典小说听,一听到不幸的地方就呜咽起来。所以对于世界妇女中处境最不幸的韩国妇女来说,韩国的古典小说在她们的生活中担当着重要的角色。

韩国妇女努力去寻找小说中的不幸,用眼泪来吸收文学的价值。因此文学也满足哭泣的需要,尽量让主人公死得凄惨,这形成了韩国小说文学的一个特征。发现他人的不幸并为之哭泣的意识结构成为韩国式幸福观的主要构成元素。

孩子们的誓约行为

在乡下长大的人能记得小时候和小伙伴一起去偷香瓜、偷枣、偷鸡这样的群偷行为。偶尔和小朋友们一起潜入别人家的瓜田,偷人家的香瓜吃的游戏叫偷香瓜;半夜里头顶着瓢,爬到别人家的枣树上偷枣的游戏叫作偷枣;偷鸡也是在晚上把胳膊伸进别人家的鸡窝里,一把揪住鸡脖子,把那连叫都没来得及叫一声的鸡偷回来的游戏。

为了玩这种危险的游戏,孩子们在一起策划阴谋的时候总是要先弄个誓约什么的。去爬树或是去捉鱼,没有什么违约的危险,但是偷别人的东西就会有随之而来的危险。万一发了誓又背叛了,或者偷偷去告密,或者被发现的时候互相推卸责任打算把自己撇得一干二净,这可不行。所以对于这种誓约需要强力的保证,这种誓约的神圣保证习俗在韩国非常普遍。

我记忆中有两种保证习俗。一种是折断松树、竹子或者桑树的枝条,对着它"呸!呸!呸!"假装吐上三口唾沫,然后按照参加誓约的小朋友的人数把树枝折成几段,每个人收藏一段。直到东西偷到手才可以把树枝扔了,之前要一直保存。

另一种是从路边捡打碎的瓦缸的碎片,参加誓约的小朋友都踮着脚尖,从瓦缸碎片的上方跳过去。然后把瓦缸碎片按照人数分成几片,每个人身上带着一片去偷东西。

我们可以从孩子们的游戏中保留着的誓约的保证习俗中看到韩国人的契约观,也就是说可以从中找到用形而上学的神圣元素保证约定的思考方式。

要折断了带在身上保证誓约的树枝必须是松树或竹子,因为松树和竹子是常绿植物,具有一年四季不变色的坚韧不拔的气节,因而象征着约定的本质,在呼唤神灵的祭祀中作为神木被用作招神、招灵、招魂的媒介。而桑树虽然不是常绿树,正如太阳升起的国度叫做"扶桑国",自古以来人们就认为它是太阳的国度生长的树种、认为它很神圣。桑树因此成为用于誓约的树木。

吐三口唾沫是为了把物体里可能潜藏着的不吉利的因素通过唾液和"三"这个数字所具有的魔力释放出来,是让物体变得圣洁的方法。让邪魔或者俗物变得神圣的最简便的魔法就是对它吐三口唾沫。用这种方法将树枝变为神圣之物以后,通过共同持有这种神圣的物体来保证契约的神圣性。

踮着脚尖跳过瓦缸碎片的行为也是将缸的碎片变成神圣物体的魔法行为。因为踮着脚尖跳过去,就是让其在脚趾之间诞生的意思,是再生、新生的行为。跳过之后,瓦缸的碎片脱胎换骨,成为不吉的或者邪恶的因素完全净化掉的神圣物品。

有记载说，耽罗①的主人向新罗臣服时，举行了让他从新罗王胯下钻过去的仪式，我们可以知道这也是表现了新生、再生的魔法行为。

像这样，将某种物体神圣化之后，用这种神圣的物体保证誓约的履行，誓约的约束力能够得到增强。

不仅是在儿童的游戏中，流动商人之间砍价或者签约时也拾起脚下的陶瓷碎片或者瓦缸碎片，将其分成两半分别持有的风俗甚至在日本强占时期还有。韩末的小摊商贩互相约定时也有这样的风俗。比如走不同的路，但约定某月某日在某个路口见面时，就用分成两半的陶瓷碎片来强化约定的约束力。

通过分持某种特殊的物品来强化约定的精神约束力的信物习俗在韩国古代似乎非常盛行。

---

① 耽罗，济州岛的古称。

形形色色的时间文化

美国文化人类学家爱德华·霍尔举了以下的例子来说明拉丁血统国家的时间观念。

在某个拉丁血统国家的美国大使馆做农业专员的美国专家约好和该国当时的农业部长官面谈。这个美国人为了表示对对方的敬意，比约定时间提前五分钟就到了秘书室。可是约定的时间到了，农业部长官也没有出现。甚至过了5分钟、10分钟、15分钟也没有任何消息。美国人有些怀疑地问秘书，农业部长官知不知道他来了，秘书回答说知道。

他又开始等。20分钟、25分钟、30分钟过去了，农业部长官还没有来。即使是再从容的美国人也会认为等超过30分钟是莫大的耻辱。可是由于对方是一国的长官，所以又等了15分钟，可还是一点消息也没有，因此美国人就大动肝火。秘书向长官汇报了这件事，长官听完说："让他稍等一会儿就发脾气……这个人的性子也太急了。"因为对他来说，在那个国家等45分钟不是很长的时间，而是最少的。我们应该知道拉丁时间（Latin time）这个词是怎么来的。

如果你问阿拉伯人："我明天下午5点去找您，可以吗？"他一定马上回答说："如果真主安拉允许的话，定在明天下午很好。"可是阿拉伯人所谓的下午是指从正午开始到晚上的时间段，阿拉伯人所谓的明天不是指今天的下一天，而是指今后的两三天。换句话说，他们的语言里的时间幅度比我们的语言里的时间幅度大很多，更有伸缩性。

因此，明天下午可以的意思就是说两三天之内的下午都可以，结果成了无法看作是约定的约定。而且他们经常说"如果真主安拉允许的话"这句话。这句话首先表示虽然是约定，但是是可以变更的不确定的约定。匈牙利出生的文化人类学家拉菲尔·波多这样介绍阿拉伯人的时间观念。

"即使约会时来晚了，或者干脆不来在阿拉伯社会也不算什么。阿拉伯国家之间的会议也不例外，多半是比预期的日子晚一两天才开会。还经常会碰到有人代替预先递交的出席者名单上的人出席或者当初预定出席的人缺席的情况。"

就这样形成了拉丁时间。英国人喜欢用"rubber time"这个词嘲笑东南亚人的时间观念。这是由东南亚人的时间像橡皮筋一样能伸缩而得名的。

在美国经常听到的一句话是"是美国时间，还是墨西哥时间？"这句话，用来表示"是按时来呢，还是稍微晚点来呢？"

这里我们可以联想到"Korean time"，怎么会有"Korean time"这个词呢？这个词形成的文化背景又是什么？我们有必要对比一下韩国时间、印第安时间、拉丁时间、橡胶时间和墨西哥时间所具有的质和量的不同。因为观察形成这种差异的背景是什么，就能够看清楚韩国人的时间观了。

人工也是自然的一部分

如果说,亚里士多德的"自然要靠人工才能完成"是欧洲人的自然观的话,在韩国则是"人工要靠自然来完善"。人工的东西会随着岁月的流逝生锈、发霉。因此将人工的东西自然化的酶能够中和人工性,起着向自然的方向诱导的作用。

房子空上一年的话,由于韩国气候的湿润和冷暖作用,会长苔藓、长霉、长草,变成半自然的环境。所以随着岁月的流逝,即使你不管它任其自然发展,它也会变得自然化。也就是说,所谓的人造的东西都是过渡性的,最终的结果是回归自然。

所以韩国的建筑物自古以来就设计成很容易回归自然的过渡式的"假屋"。自然的树木只是修一修树枝做柱子,弯的就因势取材做梁,和泥涂墙壁,编稻草苫房顶。所谓的人工就是最少化地改变自然。将来这个房子不住人了,不需要拆就能回归自然。

可是西方的房子不一样,完全都是加工的,是无法恢复成自然的变形。所以,西方的建筑物可以挺三千年、五千年。文艺复兴时期的建筑现在还有人住在里面,莱茵河边的古城也被当作别墅以比现代住宅高出很多的价格出售。

与之相比,如果不是改建或者修缮,韩国的建筑没有能挺立一百年以上的。我们由此可知,韩国人的建筑,所谓的人工也是受无常造化的自然观所支配的。

作为自然完善人工的实例,我们可以举韩国的瓷器为例。制作瓷器原型的时候要特别注意土质、水质和色素,但是一旦把这个原型放进炉子里,就只能依靠自然的力量了。即,尽人事待天命。其中有比预想的颜色烧得更好的,也有可能出现失败的作品。像这样,韩民族是连人工的东西也要保留给自然去完成的余地的民族。欧洲人则会精确地计算分析燃料、温度等所有的条件,在制作瓷器的整个过程中都拒绝自然或者偶然的作用。所以虽然能批量生产千篇一律的普通作品,但是无法制作出神韵兼备的旷世杰作。

因为韩国人的自然观不仅仅是自然,而是把人工的东西也包容进去、使之虚无化的自然观,韩国人自然而然地对生活中派生出来的人工垃圾处理变得很迟钝。所有的污物都撒到田里,或者扔到肥料堆里,使其在自然中分解消失。乱七八糟的垃圾散落在路边,也认为它们早晚会被雨水冲刷干净。

韩国人认为扔掉东西就等于让它回到了自然的怀抱,因为有这样的自然观,所以韩国人到处乱丢垃圾也不会觉得自责。乱扔垃圾已经造成了严重的自然景观破坏和垃圾污染,乱扔垃圾的原因除了公共道德意识不足之外,韩国人的这种自然观也不容忽视。

韩国人和美国人的感冒处方

不论是过去还是现在,韩国的农村都是对孩子进行"放养"的,这一点从某种意义上来说和美国是一样的。可是这种放任是在家庭生活条件困难、孩子多、母亲照顾不过来的情况下无奈的选择。放任孩子的一个原因是出于希望孩子能快点长大、成为帮助改善困窘家境的一分子的可怜的愿望。换句话说,韩国人放养孩子并不是因为有什么断绝依赖、培养独立精神的育儿理念。

不仅是在精神独立方面,韩美两国在肉体独立方面的育儿观的差异也非常明显。举个例子,我们看一下对待得了感冒的孩子,美国人和韩国人通常的处方有什么区别。

如果孩子得了感冒,韩国的妈妈就不让孩子出门,给孩子穿上很厚的衣服,让他们躺在温暖的地方,给孩子盖上被子让他出汗。也就是说让他们彻底和外界隔离、变得内向化。所谓内向化是指回归母亲怀抱的意思,意味着向母子体制的完美归一。

与之相反,在美国如果孩子感冒了,就在浴缸里放上冷水,让孩子穿着衣服泡在冷水里。然后喂孩子喝可乐,让冷气一直注入身体里。这是向冰冷的外界彻底外向化的疗法。这种外向化意味着远离父母体温的彻底的隔离。

如果在韩国把感冒的孩子放到冷水里、给孩子喝凉水,会被看作杀人的行为。作为驱除感冒的传统经验,指向母体的内向化是有效的。我们无法判断外向化是否有效,只是关注这种相反的治疗方法得以形成的文化土壤的差异。

撇开生理上、医学上的效果,韩国式的处理方法是弱化肉体对于外界的耐性;美国式的处理方法是强化肉体的耐性。韩国的育儿观念是重视维持和妈妈的等温圈,美国的育儿观念是重视维持和除了妈妈以外的外界的等温圈,两者的差别使两国开出了相反的处方。

一举两得

头顶水缸、右胳膊腋下夹着刚洗完的衣服、用带子捆抱在身上的婴儿贴在胸前吃奶、像蝉一样背上还背着一个孩子、左手还拎着马桶和身旁路过的邻家妇女叽叽喳喳地谈论互相帮忙干活的日期。

在乡下的泉水边常看到这样的韩国女人,她们能同时做五六件事。打水、给孩子喂奶、背孩子、拿走洗好的衣服、拎马桶、和邻家妇女聊天。不习惯这种同时做很多种事的时间观的欧洲中北部人或者美国人如果看到韩国妇女这样,会把它看作是一种杂技。

来韩国传教的加拿大传教士盖尔认为韩国的屈指可数的不可思议现象之一就是这种在泉水边看到的韩国女人的模样。

家里有丧事的时候,韩国的母亲在脱丧之前一直要在家里设置祭厅,每逢初一、十五都得在灵位前痛哭。祭祀是最神圣的,祭祀的时候一定得全身心投入。

可是过去,韩国的母亲在痛哭的同时,中间也得经常停下来。看看祭台上的蜡烛是不是灭了、去灶房把锅巴汤盛出来、要撑鸡、要看看饭是不是煮熟了……她们得把痛哭的时间机械地中断,命令别人去做什么。她们这样享受多元化的神圣时间,换句话说,同时做很多的事情。这也分明会被西方人认为是对神圣的亵渎。

韩国人赞成在同一时间内同时做很多件事,可以同时获得一举两得、一箭双雕、一石二鸟的效果。韩国人的这种时间观不是世界共有的。文化人类学把在单一时间内做事的单一性和多元性看作是判断价值观差异的标准。

美国人类学家爱德华·霍尔把在某段时间内集中精力做一件事的时间观叫做"单一惯性"(monochronic),与之相反的概念自然可以叫做"多元惯性"(polychronic)。"单一惯性"是一时一事主义,美国和北欧属于这种文化圈。他们无论做什么事都一定是只做一件。

所以美国的百货商店没有准备给店员坐的椅子。他们认为店员在工作时间必须专心售货,这种"单一惯性"排斥在工作时间坐着休息的复合性因素。即使没有客人也不能坐下休息的"单一惯性"在韩国人看来是冷酷无情的,但这不是雇主对职员的榨取,而是因为时间观的差异形成的。

在欧美的公司连一边工作一边抽烟的多元性都被拒绝了。除了管理人员以外,其他人的办公桌上都没有烟灰缸。不仅在银行窗口这样,在一般的办公室也是如此。因为吸烟是只有在休息时间或者喝茶的时间才能做的事。想和美国人约时间见面也很不容易,到几点钟是工作时间、几点钟是购物时间、几点钟是和妻子约好了一起吃晚饭的时间、几点钟是必须回家照顾孩子的时间等,他们有固定的"单一惯性"时间段,所以经常会排斥在中间插入短暂的见面时间。

每当遇到这样的事,韩国人就会很不高兴,认为对方无情,好像不愿意见自己似的。因为韩国人习惯于即使是在工作时间、购物途中,或者在家看孩子的时候同时和其他人见面的"多元惯性"文化。

以前和我关系很好的老乡来报社找我。可是他突然来访是在将近傍晚5点的时候,很不凑巧马上就要到报纸稿件截止的时间了。稿件的截止时间就是报纸的生命,没有截止时间就不可能制造出报纸来。从这种意义上来说报纸的截止时间可以说是职业上的单一惯性。可是这位朋友完全不了解报社的情况,认为5点钟就是下班时间,特意挑了这个时间来看我。我在这样的稿件截止时间段有一个小时左右是一动也不能动的,所以给他打电话让他在附近的咖啡店等我三四十分钟。可是工作结束以后我去咖啡店找他没找到,问了一下服务员,听说他根本没去咖啡店。

这件事过去差不多一个月之后,妈妈从故乡来看我。她是来找我问罪的,说我对老乡太没有诚意,对人家太冷漠,说就算世界再怎么变人也得讲点道德,把我批评了一顿。她说服我给那个朋友道歉。我虽然道了歉,但可能他心里还觉得不舒服,我们没法回到以前那种随随便便的朋友关系上了。

这可以说是职业的单一惯性和韩国人传统时间观的多元惯性发生了冲突。

移动性民族的异质空间

我到地方去出差的途中,在一个陌生的小镇,偶然询问了一位老人哪儿有修理汽车的地方。老人告诉我说:"一直走就是。"还用手指了指前方。因为是只有一条路的小镇,一直往前走就能看到修车的地方,但是我想知道得更详细一些,就问他:"大概在什么地方啊?""在邮局旁边。""邮局在哪儿呢?"我继续问。"在警察局旁边啊。"就算一直问下去,不知道邮局或者警察局在哪儿的外地人也绝对不会知道汽车修配厂究竟在哪儿。

可是依他的见识或者经验,这位告诉我路的老人完全可以把去汽车修配厂的路线给我讲清楚。因为沿着这条路一直走就是警察局,警察局旁边就是邮局,邮局旁边就是汽车修配厂。

陌生人在陌生的地方问路的时候,大部分指路的韩国人都无一例外地无意识中认为问路的人也和自己有着一样的生活经验,都是以这样的前提指路的。无意识中将自己对生活空间的经验共有,认为陌生人也不会对自己生活的地方感觉有任何异质感。这说明韩国人是戴着有色眼镜的。

韩国的聚居单位是村子,里面住的都是互相熟识的人。当然也不排除可能会有不认识的陌生人,但是他们只是可以忽略不计的极少数例外。村民们的共同生活体验很突出,占支配地位,他们排斥照顾少数例外的人的悉心。与其说是意识上的排斥,不如说即使有少数例外的人,到了村里的话,也会逐渐熟悉村里人的共同生活体验,因为这些外乡人不经历同质化就无法生存。韩国的村民没有接受过照顾异质因素的精神训练,这是因为韩国人的聚居形式是以农耕为基础的村落定居,村落空间意识在很大程度上支配了韩国人的空间观。即便是在交通不发达的几十年前,这种空间意识也没有给生活带来什么不便。

　可是现在的城市变大了,陌生人相互为邻、一出家门口就看到到处都是陌生人,和他们的交往也多起来。不仅如此,因为交通的发达,来小城市或者小镇游玩的陌生人也越来越多。

　传统的定居性被移动性所破坏、面熟的同质生活体验被陌生的异质空间大范围地侵蚀,而韩国人的定居性、同质性空间观依旧掌控着韩国人的心,这也给实际生活造成了很多差错。

　通过在美国问路的经验,可以宛然看出定居性农耕民族的同质认识和移动性游牧民族的异质认识的文化差异。

　如果问"附近哪儿有药店?"美国人一定都是这么

回答,"从这儿走过两个街区,向左拐第三个街区的第三家就是。"

我曾经问过美国人去美国西部某个农场的路怎么走,回答是一目了然的。

"离开中心路段走66号高速,走大概10英里左右,左边会出现柏油马路。走那条柏油马路,大约7英里处会出现一个十字路口,然后继续向前,第2个农场就是您要找的那个农场。"

每个民族的自然都不同

研究阿拉伯沙漠文化的德国文化人类学家弗罗贝纽斯把人类的文化类型分为阿拉伯型和西欧型两类,他试图从自然环境中寻找这两种类型之间的差别。

沙漠里没有山峰和山谷、也没有任何阻挡视线的东西,是无限延伸的自然空间。四面八方的地平线上天似穹庐、笼盖四野,人们就好像生活在半球形的巨大的天然山洞中一般。

尤其是游牧民族,他们的生活是移动性的。游牧民移动时,天空中巨大的半球形也随之移动,他们知道无论走多远也走不出这个半球形。阿拉伯人和中亚游牧民族的帐篷无一例外都是圆的,象征着天空的半球形。他们建造永久的建筑物时也一定是建成半球形的,并且半球形的下边一定会有叫做中庭的空地。从中近东到地中海、西班牙,各地普遍是中间是院子、四周是住户的洞穴形状的住宅结构。

也就是说，生活在只用平面和半球形构成的单调无味的自然之中的人，有着阻断这种单调无味、内向闭锁的倾向，同时还具有想呆在一定的空间之内、不想出去的意识。因此阿拉伯文化有球心力强、喜欢隐藏于内部的倾向，从某种意义上来说是保守的，也可以说是具有缺乏变化的性格。弗罗贝纽斯把这种性格定义为中庭式性格。

与阿拉伯相比，西欧的自然风调雨顺。在这种自然环境中放牧、耕作的西欧人把自然视为可以无限开拓的对象。因此西欧的建筑基本上都是院子在房子周围的外厅式建筑，是由内而外延伸的外向结构。开拓和探索的外向性铸就了欧洲的基本精神。想向外界无限空间扩展的精神让西方人的冒险心理更加旺盛，并赋予人以探求能力，使西方在政治上的扩张侵略政策成为可能。这就是外延式性格。

撰写了《西方的没落》的斯宾格勒受弗罗贝纽斯影响，重新将西方文明细分为两个类型。即，阿波罗型和浮士德型。阿波罗型是希腊文明的特色，具有明快的轮廓、清晰的内容和透明的世界的明朗的精神。与之相比，浮士德型像欧洲的民间传说《浮士德》一样，阴森而又充满着活力，具有扩张意志和潜藏力量的昏暗的精神。

斯宾格勒指出，阿波罗型像阳光一样支配着明亮的南欧文明。他认为欧洲文明的特色可以说是明快不动摇的侧面和流动着、活动着、总想向外扩张的侧面之间的矛盾。

弗罗贝纽斯的着眼点是各民族的意识结构受其周围的自然环境所带来的固有感受性的支配。如果说这种对自然空间的固有感受性存在，我们应该思考一下韩国人的固有感受性究竟是什么。

子女教育是人生的唯一目标

比起内容或者过程，想直接获得结果的想法让韩国人变得形式主义。换句话说，追溯形式主义的源头，其根源竟是结果意识。

韩国人喜欢高档货或者进口货的倾向也是以这种结果意识为温床滋生的形式主义的产物。高档商品价格贵，也伴随着身份地位的象征。比如，美国年薪10万美元以上的人戴劳力士的手表，而韩国人为了得到身份地位的象征也戴劳力士的表。韩国人把过程都省略掉了，就想得到结果。即，想让自己和高价商品所代表的身份地位同化。

学历主义之风盛行、教育热过热并不是因为想要提升教养或者为学术发展作贡献等具有实质性的过程意识产生的社会现象，而是希望得到更高的学历、更好的毕业证的结果而引起的形式主义现象。韩国社会是只要能拿到好的毕业证和高学位，即使不继续作研究或者不再有其它业绩,仅靠之前的成果就可以过好下半辈子的社会。好的毕业证和高学位固然也意味着高质量的内涵,但是韩国人追求的不是质的效用,而是形式上的名誉。

我们说韩国人的通病,经常举的例子就是一毕业就远离书本。因为毕业证是结果,结果意识导致人们觉得得到结果就可以了。可是在过程主义社会,毕业证或者学位证不是结束而是开始。如果不继续积极进取、不努力创造业绩,再好的毕业证或者学位也是没有意义的。

韩国是全世界继美国、日本之后对子女教育费用投资最高的国家。如果计算其占收入的比例的话,韩国是第一位。像这样,韩国人将子女教育作为人生的唯一目标,毫不吝惜地进行投资。而与其投资相比,得到的回报微乎其微的国家也要数韩国了。因为只要拿到毕业证就可以了,所以韩国人无法将学到的知识发展或者进行创造性的升华。

不论做什么,只有快点做才安心

那是在罗马发生的事。飞机起飞时间推迟了大约10分钟,不过没有人提出抗议。空姐一边给乘客分发饮料,一边笑着说延时起飞的原因是"kiss time lose"。

我后来才知道有个乘客因为和心爱的人吻别所以登机晚了。"kiss time lose"是客机行业的惯用语,是所有的乘客都能当作撒娇来接受的延时起飞的理由。作为连跑带颠来赶飞机的韩国人,我觉得这事太荒唐,无法想象别人对时间如此缺乏紧迫感。

韩国人不仅急着乘车、乘船、坐飞机,几乎做什么事都着急,所以总是催别人"快点!快点!"迅速成了韩国人的美德。在街上妈妈拽着孩子的手催他快走;公司的上司催促属下快点把工作做完;在学校有老师催促学生；在车里有司机催促乘客。

韩国人真的是个个都马不停蹄地奔波着。当然，快点忙点可以节约时间，也可以创造附加价值。可是韩国人不完全是因为想要附加价值才匆匆忙忙的，有些在指定的时间内完成就可以的事情，甚至还有一些欲速则不达的事情也要催促别人赶快做。

那么韩国人天生急性子的原因是什么呢？

首先，因为在狭小的国土上生活的人口众多、没有空间上的富余，挤进狭小的空间成了韩国人的生存条件。换句话说，要占领空间必然得先占有时间。为了在竞争中先行一步，使得韩国人要赶快行动、要忙起来的紧迫感更加强烈。因为韩国是全世界人口密度第二大的国家，如果不走在前边，那就将什么也得不到。

移民到美国小城市生活的韩国人大部分靠卖蔬菜、水果为生。犹太人所占据的蔬菜商人的版图逐渐被韩国人蚕食掉。坚韧的犹太人先占的生活领域被韩国人抢走的根本原因就是因为他们缺少韩国人那样对时间的紧迫感。

比起以前的蔬菜商人，韩国人起得更早，很早就开始活动。他们能向人们提供更新鲜、品质更好的蔬菜，这成为他们赖以生存的条件。韩国人比其他任何民族的先占天性都更发达，很擅长快速运作，因此可以改变美国的商业版图。

其它蔬菜商人早上6点钟起床、从农场买来新鲜蔬菜的话，韩国人4点钟就起床把新鲜优质的蔬菜先买来摆放在商店门口，所以生意没法不火。韩国人的这种行为不是存心搅乱商道规矩的无耻行为，只是为了生存、为了先占而忙碌，对时间比较有紧迫感而已。

其次，韩国人的紧迫感是在季风带靠种植水稻生活的农耕民族所必需的要素。大体上农耕民族都是日出而作、日落而息的,白天都比较忙,所以早上行动很快。

韩国人的祖先清晨头顶着星星出门,晚上头顶着星星回家。曾经有人开玩笑说火炉、烟灰缸、烟斗的烟嘴都是铜制的,原因是它们是睡不着觉的老人早上很早就起来把家里人全都叫醒的工具。韩国还有个俗语是"睡不着觉的老人清晨起来磨锯齿"。从全世界的范围来看,韩国人也是属于起得早的。

早上起得晚的民族是拉丁民族。法国的小店 10 点钟才开门;西班牙到了将近正午街上才开始热闹起来,一般下午 2 点钟才吃午饭,晚上 10 点钟到 12 点钟才吃晚饭;一般来说,意大利人早上的生活节奏也很慢。

与之相比,日耳曼种族或者盎格鲁·撒克逊人早上起得很早,美国人早上的生活节奏也很快。在《奥克拉荷马》这首歌里出现了对早晨的描写,富兰克林的《穷理查德历书》里也说早起是美德。从这一点上可以看出,美国也是农耕民族。世界可以说是阿波罗式的白天的文化和狄厄尼索斯式的夜晚文化的对立。韩国是早晨的文化,因此一天三顿饭中早饭的质量最好、分量也最多。可是在欧洲,只有英国的早餐占的比重比较大,西班牙等地的早餐只喝点茶应付了事。

即使都是农耕民族,主要从事的农业的种类不同,人们的时间紧迫感也不一样。比如西欧的主要农产品麦子只需要播种、种植期间再把粘连在一起的土块敲碎、收获的季节来收麦子就可以了,是不需要投入很多劳动的少劳动需要作物。与之相比,水稻从播种到收获需要经历88次的手工过程才能变成米,4月份播种、10月份秋收,这半年时间都需要不停地劳作。

尤其是和欧洲不生杂草、不长虫子、不发洪水、不干旱的安定的气候条件相比,韩国属于时时刻刻发生变化的季风带气候,韩国的水稻农业是在某段时间必须做某项工作、如果不做农业就荒废了的极其严格的时间段的延续。如果到了什么时候还没有插秧,这一年就荒废了;到了什么时候不把刚长出来的杂草拔光,杂草就会长得比水稻还茂盛……这种时间的限制接连不断。

几千年以来,在这种充满紧迫感的时间的延续中生活的传统使韩国人习惯于这样的生活。所以韩国人总是在忙碌的同时又在不断地催促"快点,快点"。

韩国人是自然的人

韩国人到自然中去,在其中被自然同化,使人与自然的界限得以缓冲、变得模糊。这种自然观也是韩国住宅的庭院不发达的重要原因。虽然韩国人也有在房子周围种植树木的习惯,会在栅栏周围种凤仙花、在酱缸附近种鸡冠花,可是这样的造景庭院和西方的、日本的庭院相比简直不能算是庭院了。

你去看看凡尔赛宫的庭院,没有一个角落不是用标尺、用圆规测量加工而成的几何图案。连一棵树也不能自由地生长,而是要加工得左右对称,或者像斗笠似的圆锥形、或者像倒扣的水碗似的半球形,每一棵都是独具匠心的造型。

西洋的庭院里,树和花不能随意地生长,只能在人们指定的范围内生长到人们指定的高度和宽度,这些都是有严格规定的。稍稍违反规定的话,就会毫不留情地将它锯掉。也就是说,没有经过人工加工的自然在西洋的庭院里无法形成美感。

代表着这样的自然观的象征性装置就是西洋式庭院里的喷泉。水是从高处往低处流的，符合自然的原理——自上而下。而西方人是以人和自然的对决来把握自然的，因此连水流也要加工，让它形成逆流，满足自己感受美的心愿。逆流成就了喷泉这种造景形式，把自然的水流加工成逆流，再配上五彩斑斓的照明，呼喊"wonderful!"

与西方的庭院相比，日本的庭院排斥加工，看起来似乎对自然很重视，实际上只是加工方式不同而已。日本也和西方一样是改变自然的，只不过西方的加工是造型，而日本的加工是缩小。将大自然迷你化，使其在小空间里再生。将大自然微缩，让日本人能够享有整个宇宙。

在日本民居巴掌大的院子里，有人工的迷你假山，有手掌宽的溪流流淌。溪流之上还有好像是用火柴杆搭建的小桥、矮树做的森林。森林里还建了神社，甚至还有人家在远处制作了富士山和迷你农家。我还见过有的人家在院子里摆放了孩子玩的玩具小人，他们如此装饰庭院，把大自然变得十分矮小。

这样的庭院形式叫作借景，顾名思义，借自然的景物移至自己家中的意思。自然景物大，不能直接搬到家里来，因此需要加工一番。在日本比较发达的盆栽也可以说是一种借景，为了把树这种大自然的产物搬到家里，想办法阻止其长大、将其缩小。

如果说西方是以庭院为媒介向自然挑战的话，日本则是以庭院为媒介窃取自然。西方是通过破坏自然的方式获得美，日本是通过偷窃自然的方式获得美。大阪丽嘉皇家酒店门口就是高约 5 米的人工瀑布，它一天到晚淌着水，水落下来汇成溪流流淌进酒店的大堂。

看着这瀑布和流淌的水流,我想,将建筑中融入自然的元素,号称自己非常喜欢自然的民族估计只有日本民族吧。

这只不过是人工建造的仿自然,不是天然的自然。如果说西方人把自然流淌的水制成逆流的喷水,那么这种城市里的瀑布就是人为地让水逆流、再使其流淌下来形成瀑布的双重加工。无论和自然多么相似,也是加工得越复杂就和自然的关系越远的仿制品。从庭院加工这方面来说,日本的比西方的更有计谋。

韩国自古以来也有庭院造景的习俗。咸阳郡介平里郑汝昌先生旧居的庭院里还保留着用岩石人工堆砌的假山;我国现存的保存最完整的庭院之一——南原广寒楼也是典型的造景庭院。

广寒楼不是像日本那样对自然的借景,而是对想象中的月宫的自然景观象征性地借景。借景的规模更大、更富有诗意和幻想。而对于实存的自然景观的借景,在我国庭院造景史上少得甚至可以忽略不计。

说到典型的韩国庭院,我们可以联想到昌德宫的庭院——秘苑。没有任何的加工,就是完全自然的模样。不会把某棵树砍掉不让它生长,也不会限定它必须长在什么地方、长多高、长多大,就让它自由奔放地生长。韩国人把自然本身当作庭院。

韩国传统的自然观不允许将自然缩小、将风景迷你化。让自然流淌的水逆流形成喷泉不是在技术上做不到，而是韩国人的意识结构不允许这么做。有悬崖的地方才有瀑布，故意使水倒流制造瀑布是韩国人的意识结构所不能接纳的。

只有拥有与自然对决的思考方式才会开放、加工、利用、窃取自然，只有这样的民族的庭院造景术才会发达。

像韩国人这样被自然同化、作为自然的一分子生活的人没有必要窃取、加工自然。因为我们周围就都是自然的庭院，是度过每天的大部分时光的生活场，所以似乎没有必要偷窃自然、独占自然。打开前门是一幅风景画，推开后门又是一幅山水画。没有必要大兴土木把这些山水树木移到自家的院墙内，所以韩国的庭院造景术并不发达。

韩国人把家以外的自然当作庭院，在这无比巨大的庭院里，尤其是景色特别好的地方都建了亭子。韩国的亭子发达，甚至可以称为亭子文化圈。建造亭子的目的就是为了让人们能共享在亭子里能欣赏到的自然。西方人和日本人把自然摘取来享受，而韩国人是进入自然之中去享受。

比如孤山尹善道就曾经把甫吉岛的自然完全当作自己的庭院来生活。他在树木秀美的地方建了两三间草堂取名"乐书斋"，住在里面生活。当然，乐书斋既没有庭院也没有围墙。此外，他还在很多景色优美的地方分别建了回水堂、石堂、洗然亭、静成庵等，把大自然完全庭园化了。

孤山尹善道在乐书斋闻鸡起舞，起床后一定要先喝一杯琼玉酒，然后把头发梳得端庄，再到孩子们学习的地方去讲课。早饭后伴着丝竹之声去回水堂或者石堂游玩。

去洗然亭的时候他让奴婢准备酒菜、让孩子们做侍从。他在池塘边备好小舟，看着波光粼粼的水面倒映出孩子们身上华丽的服装，吟唱出《渔夫词》。

我们可以试比在凡尔赛的加工的私人庭院里散步的路易十四和在甫吉岛的大自然的公共庭院里漫步的尹善道，这两个人谁享受到了庭院的效果呢？他们的差别可以说是西方人和韩国人的自然观的差别。

西方文化的本质是人与自然的对决

　　我们的祖先认为吸食月亮的精气越多,生产能力就越强,所以强制要求韩国妇女深呼吸吸食月亮的精气。家里的女性长辈甚至在旁边监视吸食月亮精气的过程,帮着查数,数到二十几都要一直吸气。他们这样强制要求,导致吸食月亮精气的妇女有时会憋得脸色发青,甚至还有人昏倒。可想而知这有多难。

　　诗人在月夜将月亮装进酒杯,如此具体地将月亮这种自然的产物与肉体同化,让自己变成自然的一部分,把自然当作自己的一部分。韩国人的自然观里人和自然的界限模糊。

　　吸食月亮或者星星气韵的不仅是女人,想要长寿或者让精神从肉体中解脱出来的人、或者想老来得子的人、想学习道术的人也吸食自然的精气。

　　白天合上左眼,让右眼接受阳光可以吸食阳气;晚上合上右眼,用左眼接受月光可以吸食阴气。在道家,吸食五星之气的服星法属于基础课程。

　　古代韩国人会做露水麦芽糖吃。秋天收集大量的露水,熬麦芽糖的时候将露水倒入锅中蒸馏，让露水的精华浸入麦芽糖就制成了露水麦芽糖。也有不在锅里放麦芽糖，而只是把秋天的露水蒸馏的做法。长时间蒸馏的话，露水里的尘埃会凝固成麦芽糖状黏糊的东西，古人曾管这种东西叫做"气粹固本丸"，认为它有很高的药用价值。

　　气作为大自然的本质的象征，一切阴阳平衡的自然原理都隐藏于其中。而韩国人把这种看不见、摸不着的幻想的东西具体化，让人们看得见、摸得着、吃得到、能在人体内消化。韩国有个词叫作"四天气食"，意思是说春天在太阳升起时面朝东方吸收青气；夏天在正午面朝中天的太阳吸收赤气；秋天在太阳要落山的时候面向西方吸收白气；冬天在夜晚面朝北极星吸收黑气。

　　加上一年四季面向天空中吸收的黄气，一共吸食五种颜色的气。据说这样食气，可以预防百病、长命百岁，还能增强对饥渴的忍耐力。遭遇危难时，可以有跳跃过墙和城门的气力。

　　像这样，韩国人没有将人与自然分化，而是在人与自然合为一体的基础上进行思考；西方人却是在人与自然分化的基础上进行思考。西方人对于人与自然的关系的把握也是二元的：人类作为主体，对作为客体的自然进行观察、分析的时候形成了科学和理论。"理论"这个词的英文是"theory"，德文是"theorie"，它们的语源都是源于希腊语的"theoria"，意为注视、观察。也就是说，理论的探求是靠人类客观地注视自然、观察自然而完成的。

我无法忘记以前在印度旅行时阿旃陀石窟、埃洛拉石窟等巨大的石窟文化带给我的震撼与奇妙的记忆。前者有29座石窟，后者有34座。大部分的石窟深度都在五百多米，也有比较长的巨大石窟长两千米左右，里面满是密密麻麻的雕刻。我现在不是要讲那些雕刻表现得多么丰富传神、刻画得多么细腻逼真，我想说那些匠人为了挑战石刻僵硬的面部表情，雕刻了数千数万富于情感的面部造型。这无数的变化无法不深入人心、引人入胜。

石窟中的自然都是死了的自然，一切生命的热气都消失了、死亡了。只有雕琢石窟的能工巧匠们努力去阻断外界的死的自然、执着于表达内心世界的想法，如此巨大细致的石窟文化才得以形成。

死亡的自然、枯燥无味的自然观具有深厚的内涵，而佛教文化圈的石窟文化和佛教一起进入韩国却只是止于石窟庵这样肤浅的东西，这是因为韩国富饶的自然和韩国人的自然观不容纳这样的条件。

去伊朗旅行时，我看到到处是供奉着海亚姆、萨迪、哈菲兹等诗圣的圣殿，我对波斯民族是一个多么有诗意的民族有着切肤之感。可是接触这些诗圣的诗却发现，他们的诗不是韩国的汉诗、时调那样感受自然、投身自然之中探索自然和人的一体化的那种诗，而是关于一个事件或者故事的记述。这些诗只是歌颂人类、讲述人类是如何克服自然的故事，没有写自然本身或者人与自然的关系。因为他们周围的自然只是顽固地拒绝人类的不毛的沙漠。

在这种干燥的世界中生活的人与自然是对立的，不掠夺自然就无法生存。在资源贫乏的自然环境中解决糊口问题的唯一方案就是家畜——羊,以此为媒介勉强维持生命。这种灰暗的自然拒绝人类,因此生活在那里的人们只能超越敌对的自然,和高高在上的神直接接触。

死的沙漠的自然让人们只能掘地挖洞窟或者向超越自然的神皈依。近代西方的文明不仅是靠文艺复兴希腊文明的再生而产生的,还继承了成为基督教核心的沙漠精神为母体。不以自然为媒介的神和人的直接交涉,继承了人类和其他被创造物之间断绝的人类中心主义。

换句话说,近代西方文明本质上是沙漠宗教的展开,是中世基督教文明的正统的后继者。因此人和自然的融合与对决是影响生活在那里的人们的意识结构的决定性因素。

不同文化引起的差异
悬殊的空间印象

中非的野生动物园里猛兽狮子附近就有黑斑羚、梅花鹿和斑马在悠闲地吃草,就好像老鼠在猫身边平安地玩耍似的。我们能看到这样的现象是因为每种动物都知道和什么动物保持多远的距离是安全的,有这种领域安全距离的基准,只要保持这种基准空间距离的极限值就可以太平地共存。

这种基准叫作禽兽的"逃走距离"(flight distance)。斑马对于狮子的逃走距离根据狮子是否饥饿,从50米到300米不等,而蜥蜴的逃走距离却只有1米。逃走距离与动物的体积大小是成比例的。逃走距离里面还有个与其呈同心圆的空间领域叫作"临界距离(critical distance")。如果你接近一条狗,到达狗的逃走距离,狗就会跑掉。可是你继续追赶它的话,逃走距离变小,如果突破了临界距离,狗就会放弃逃走,返回身来做反击的姿势,将追击者击退到临界距离之外。

因此猛兽有靠埋伏或者潜入，神不知、鬼不觉地缩短逃走距离、接近临界距离的倾向。动物学家海迪格说："临界距离是甚至要用厘米做单位测定的，它非常地美妙、精细。动物进入它想要捕捉的其他动物的临界带时，都毫无例外地摇晃尾巴。这经常会被认为是向对方耀武扬威的行为，其实是为了让牙齿、前爪等捕猎武器集中的身体前部偷偷潜入临界带。摇晃尾巴其实是一种骗术，是为了转移猎物的注意力，让对方产生自己还没有侵入临界带的错觉。"

像这样，动物都有各自所占据的领域空间，生活在各自的空间界限内。天空中鸣叫的白灵鸟不是在歌唱春天，而是在互相通报领地危机的信号；鼹鼠挖地打洞是为了建筑自己的临界带，它不允许其他的鼹鼠通过自己的洞。一般来说，小动物有一百平方米、狮子或者豹等食肉动物有数十平方公里的临界空间。鱼缸里的金鱼也有我们察觉不到的各自的临界空间，他们互相尊重各自的临界空间和平共处。

韩语中没有能够恰如其分地表达临界空间的单词。有两个与之相关的词：一个是"土地爷"，指支配某空间的神；一个是"地租"，指先占了某空间的人向后来使用该空间的人收税的意思。虽然这两个词与临界空间的意思不是很相似，但是临界空间的管辖意识，即领土（territory）意识也可以用地租这个词来表达。

孩子们上学的路线是固定的，你如果仔细观察会发现他们在上学路上的行动也是有规律的。某个孩子在每天上学的路上一定要踩某个特定的井盖，或者一定喜欢摸某棵树的树干，这些行动都成了习惯。如果哪天忘了做这些事就会莫名其妙地感觉不安，好像会发生什么不幸的事情似的。

狗走路的时候，要在电线杆下面或者路旁的树下撒尿，标记自己的临界空间。上学和放学路上孩子们的各种动作也有相似的意义，因为设定有规律的行动方式来划定临界空间和保障个体的安全有关。

动物学家的实验表明，在临界空间里老鼠即使被猫或者狗追赶也有可能逃过一劫，但是到了临界空间之外的陌生地点的话，即使可以藏匿的空间很多也容易被捉到。虽然把孩子比成老鼠不是很恰当，但是小孩儿刚开始上学的一个月内最容易出交通事故，过了一个月以后上学路上的习惯意识就形成了。因为有了对环境的亲和力，路上的危险也会明显降低。

在长期生活的家里，即使是伸手不见五指的黑夜，不开灯也可以走路。可是到了刚刚接触的空间或者是旅馆、宾馆这样的临时占有空间就会对空间产生违和感，会觉得不安。自己家发生火灾时烧死的事件很少，但是与之相比，在宾馆的火灾中毫无例外地都有人身伤亡的情况，这也是因为亲和感和违和感的差异。

摆脱亲和力强的自我空间进入违和力强的他人空间的时候，不同的民族或文化圈表现出不同的适应能力。

某动物学家通过对猴子的试验证明每个猴子对于违和空间的适应能力都有个体差异。

先把A、B两只猴子放进各自具有亲和力的笼子里,然后把B关进A的笼子。A笼虽然对于猴子A来说是亲和空间,但是对于B来说就等于是违和空间了。向笼中投入食物,96%是被A捡起来吃掉。反过来把A关进B的笼子里,也有62%是被A吃掉的。虽然A在违和空间里吃食物的概率比在亲和空间里吃食物的概率低很多,但是也比那个空间的主人吃得多。

通过这个实验推测不同的猴子对于陌生空间的亲和能力也有优劣之分。带来这种适应能力有优劣之分的结构上的原因可以说是因为实验对象各自不同的性格,但是更主要的原因是文化背景的差异。

大体上,在以游牧业或者商业为生的移动性文化圈里生活的人对违和空间的适应能力比较强,在以农业为生的定居性文化圈生活的人对违和空间的适应能力比较弱。

理由很简单,游牧民或者做生意的人总是在陌生的违和空间行走,这种对陌生世界的频繁的体验增长了他们的智慧,培养了他们在违和空间游走的冒险心理和开拓进取心理。有田野就穿过,有山就翻越。成吉思汗踏平欧洲,西班牙、葡萄牙、荷兰;英国在航海上取得辉煌的成就;美国的西部大开发都要归功于对违和空间的强大适应能力。这些都是游牧或者商业等移动性文化的温床所孕育的。

韩国人在拳击或足球等体育比赛中很重视在本土的场地进行比赛。韩国人无一例外地认为将外国运动员叫到韩国来比赛这件事本身就等于是我们占了优势。所以在国外参加比赛，赢了要大加称赞，说虽然不是在本土进行比赛但是也赢了；输了比赛也一定会把败北的原因之一归结为不是在本土进行比赛。

美国人或者欧洲人也会考虑本土比赛的优势，但是不会认为它重要到成为比赛胜利或者败北的原因之一，只不过把它当作一项影响力微弱到甚至可以忽略不计的因素。赛场适应训练也是在西方很少见的韩国式的现象。将是否在本土场地进行比赛或者有没有进行赛场适应训练看作决定胜败的原因之一也是由于韩国人在违和空间的适应能力差。

我在希腊旅行时曾在奥林匹亚宙斯神殿附近的一个做银器加工的店家住了十天。在他家住宿的客人里有个独自一人从美国来旅行的福特汉姆大学的女大学生苏珊。虽然我也是一个人来的，但我不是自愿的。我有采访任务，是因为工作原因被迫一个人来的。

我想年轻女性独自旅行这件事本身就是因为对违和空间的违和性少的文化圈的性格吧。不仅如此，苏珊比我晚来这家四天，但是她能在客厅和厨房自由地进进出出，能摘院子里的无花果吃，甚至还能领着房东家的孩子到邻居家去串门，她还到那家的作坊里去帮着还打磨机。

房间和出入时必经的院子，还有摆放着椅子的葡萄藤下面就是我的全部移动空间了。相比之下，苏珊的移动空间就很宽广，她移动的频率也比我高多了。我想这就是对违和空间的亲和化迟钝和熟练的文化圈的差别吧。